めざせ！妖怪《ようかい》マスター

おもしろ妖《よう》怪《かい》学《がく》100夜《や》

千葉幹夫　石井 勉・画

子どもの未来社

はじめに

カッパってどんなものか、知っていますか。頭にお皿があって、背中《せなか》にこうらをせおっていて、体の色は青で口がとがっている。そうそう。でもね、**カッパ**は人間とのつきあいが長いから、いろいろな形で描《えが》かれているのです。こうらのない**カッパ**もいます。すんでいる場所も川や海、それに山にだっているのです。

そのカッパは**テング**や**オニ**とおなじ妖怪《ようかい》のなかまです。妖怪《ようかい》というと、なにかこわいもの、気味がわるいものだと思われていますね。たしかにそんな妖怪《ようかい》もいます。でも妖怪《ようかい》は三百種類《しゅるい》以上《いじょう》もいるのです。なかにはかわいいもの、美しいもの、ふしぎな力をもっているものもいます。**キツネ**や**タヌキ**のように人を化《ば》かす動物がいるかと思えば、山で人の仕事を手助けしてくれるやさしい妖《よう》怪《かい》もいます。富士山《ふじさん》をかついだ巨人《きょじん》もいますし、親指ほどの小さいものもいるのです。

妖怪《ようかい》と会うと、どんな感じがするのでしょう。『ゲゲゲの鬼太郎《きたろう》』などで有名な水木《みずき》しげるさんは「妖怪《ようかい》は気配《けはい》だ」といっています。妖怪《ようかい》たちのほとんどは暗闇《くらやみ》が大すきです。夜道などをひとりで歩いていると、うしろになにかふしぎなものがいる感じがします。ふりむいても、だれもいません。でも「なにかいる」のです。それが妖怪《ようかい》の気配《けはい》なのです。

ある年の秋、わたしは岡山県《おかやまけん》の古い山城《やまじろ》をひとりで歩いていました。もう夕方近くでした。森のように木がしげっている細い道を三十分ほど進んだときです。いきなり行く手の空気が重くなったのです。なにか、フワッとしたものにおしもどされる感じです。

水木さんならきっと「それは**ヌリカベ**だ」というかもしれません。わたしは無理《むり》をせず、「帰るね」といって道をひきかえしました。これが「気配《けはい》」なのです。妖怪《ようかい》は出てくる場所によって、とくべつな意味をもっています。みなさんの地域《ちいき》につたわるふしぎをしらべると、その意味がわかるかもしれません。

さて、この本は百のＱ＆Ａで、さまざまな妖怪《ようかい》を紹介《しょうかい》しています。おもしろいと思ったＱから読んでいいのですが、そのとき地域《ちいき》の特徴《とくちょう》もすこし頭にいれると、よりおもしろくなるでしょう。そして全部の妖怪《ようかい》がわかったらあなたはもう妖怪《ようかい》マスターです。

千《ち》葉《ば》幹《みき》夫《お》

もくじ

3章 いろんな妖怪《ようかい》がいるんだね

4章 妖怪《ようかい》はどこにでるの？

5章　動物や植物の妖怪《ようかい》たち

6章　もっと知りたい妖怪《ようかい》

妖怪《ようかい》こわい度数《どすう》

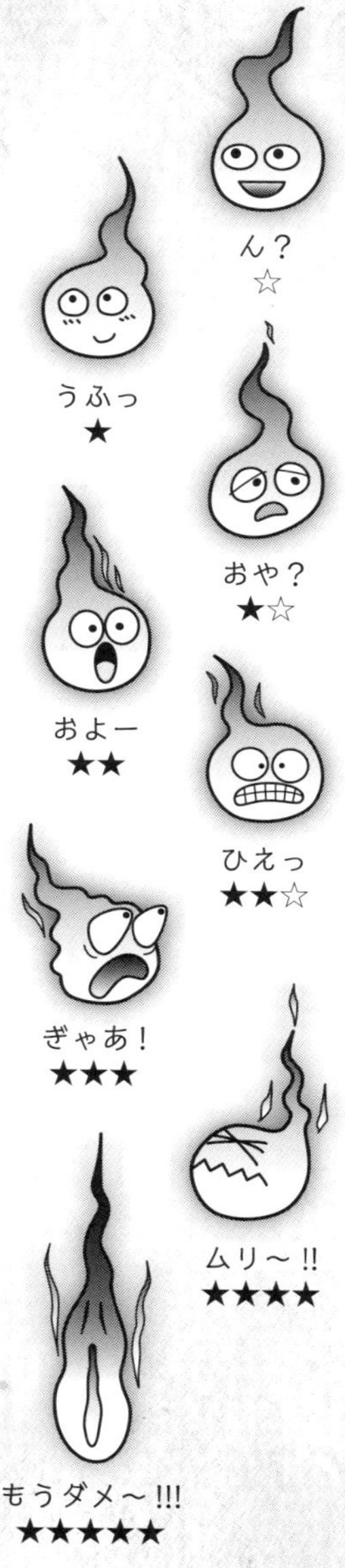

1章　妖怪《ようかい》とは？

Q1 そもそも妖怪《ようかい》ってなに？

わたしたちは、こわいもの、なにか気味のわるいもの、でもふしぎな力をもっているもの、そんなものをまとめて「妖怪《ようかい》」とよんできました。

もともと、人間は深い自然《しぜん》のなかでくらしてきました。自然《しぜん》には人の力がおよばない、ふしぎな力があると感じてきたのです。岩や草木も言葉を話し、昼は森からなにかわからない音が聞こえ、夜の闇《やみ》からはざわざわと人ではないモノがたてる音がし、**火の玉**がとんでいます。自然《しぜん》のなかに生きる人間は、自然《しぜん》をたいせつにするとともに、わざわいをもたらすものとして、おそれてもいました。妖怪《ようかい》のいちばんはじめは、この「自然《しぜん》のふしぎや力」だったのです。

やがて人は、同じ場所で同じような体験《たいけん》をするようになります。

「あそこの川岸に行くと、水のなかに引きこもうとするモノが

いるぞ」

人はそれに「**カッパ**」と名まえをつけます。

時代がすすむにつれて、妖怪《ようかい》の数はふえていきました。山のふしぎは**テング**のしわざだ、海で船をしずめるのは**ウミボウズ**だ、というようにです。**タヌキ**、**キツネ**なども、化《ば》けるとして、妖怪《ようかい》のなかまに入れられました。人の身近にいる**ネコ**も妖怪《ようかい》になりました。

もうひとつ、人が人を妖怪《ようかい》にしてしまうことがあります。中央の政権《せいけん》に反対する人びとを、**オニ**や**ツチグモ**、**カッパ**などの妖怪《ようかい》として退治《たいじ》していったのです。

このように妖怪《ようかい》はいろいろなところから発生し、変化《へんか》してきました。ですから妖怪《ようかい》の世界は複雑《ふくざつ》で、おそろしいものからかわいいものまで、さまざまなものがすんでいるというわけです。

ひとことで妖怪《ようかい》といっても、おそろしいものから、かわいいものまでさまざまだし、生まれ方もちがうんだ。

Q2 妖怪《ようかい》っていつからいるの？

むかしむかし、神がはじめて天地をつくったころは、草も木も岩もモノをいったといいます。『古事記《こじき》（1）』にアマテラス大神《おおみかみ》が登場します。この神は大地をおさめる太陽神でした。弟のスサノオノミコトがあまりに乱暴《らんぼう》なので、ついに天《あま》の岩戸《いわと》にかくれてしまったのです。太陽がなくなったので、すべてが闇《やみ》につつまれました。そしてあやしいモノたちがぞろぞろと出てきたのです。このあやしいモノこそ妖怪《ようかい》のはじめと考えることができます。つまり闇《やみ》があれば、そこにあやしいモノがいるというわけです。

神話の世界では、鳥も動物たちも話をします。古代の人にとって、動物はとても身近な存在《そんざい》で、ともに生きているものだったのです。

いまわたしたちが妖怪《ようかい》とよぶものは、ほぼ奈良《なら》時代に仏教《ぶっきょう》がつたえられてからのものです。平安時代、鎌倉《かまくら》時代には**オニ**が大活躍《だいかつやく》しますし、**テング**や**カッパ**もあらわれます。人の魂《たましい》がぬけでてさまよう、生霊《いきりょう》もとびまわりはじめました。そして、妖怪《ようかい》たちはもともとすがたのないものだったのに、絵に描《えが》かれて人びとにおそれられたり、かわいがられたりしていったのです。

江戸《えど》時代になると、たくさんのモノが

1『古事記《こじき》』
日本最古《さいこ》の歴史書。712年完成《かんせい》。稗田阿礼《ひえだのあれ》が暗唱《あんしょう》していたものを太安万侶《おおのやすまろ》が書いたものとされる。天地の始まりから推古天皇《すいこてんのう》までの記事を収《おさ》めている。

妖怪《ようかい》とされ、名まえをつけられたり、絵に描《えが》かれるようになります。とくに江戸《えど》中期以降《いこう》は、たくさんの妖怪《ようかい》画集や妖怪《ようかい》絵巻《えまき》がつくられます。

ここで妖怪《ようかい》とされたのは、**ヤマオトコ**、**ヤマオンナ**、**ノッペラボウ**などの人間の変化《へんか》から、**カワウソ**、**カエル**、**ヘビ**、**ナマズ**、**カメ**などの動物や、**サギ**などの鳥も化《ば》けるものとされました。**マツ**、**ヤナギ**、**バショウ**など、植物も魂《たましい》をもつと考えられたのです。

江戸という大きな町にくらす人びとは、自然をはなれ、身近なものに興味《きょうみ》をだいて、つぎつぎに新しい妖怪《ようかい》を作りだしていったのです。

自然《しぜん》にも人にも物にも心がある。
その気持ちが神や妖怪《ようかい》を生みだしたんだ。

ヤンブシ

Q3 妖怪《ようかい》にはどんな力があるの？

妖怪《ようかい》のなかには、人の力がおよばない超能力《ちょうのうりょく》をもっているものがいます。

ミコシニュウドウは、道で会ったときはふつうの人間の大きさですが、見る見るうちに巨大《きょだい》になり、最後《さいご》は見上げるとひっくりかえるほどの大きさになります。**ロクロクビ**は、人の首だけが伸《の》びていくもので、その首の先には人間の頭があるのですから気味がわるい。

ヤマンバは、年よりの女性《じょせい》のすがたで、年のくれに山からおりてきます。お酒がだいすきで、三合《ごう》入りのとっくりをもってお酒を買いにきて、なんと十倍の三升《しょう》も入れてしまう技《わざ》をもっています。

山にすむ**サトリ**や**ヒヒ**は、人の心を読むといいます。昔話には**ヤマワロ**として出てきます。すがたは人そっくりで、山で狩人《かりうど》が火をたいていると、火にあたりながら、狩人《かりうど》の心に思っていることをつぎつぎ当てていきます。

「ははあ、おまえはおれをこわがっているな」

「早くどこかへいってくれないかと思ったな」

などと、狩人《かりうど》の考えていることをいいます。そのうち、火が小さくなってきたので、狩人《かりうど》はそばのたきぎを取ってひざにあて、パチンと二つに折《お》りました。

そのとき木片《もくへん》がとんで、**ヤマワロ**の目に当たってしまいました。

ヤマワロはおどろいて、

「人間というやつは心にも思わないことをするものだ、おそろしい」

とさけんで、山へにげ帰りました。

ほかの妖怪《ようかい》のもつ力については、それぞれのQで説明《せつめい》していきますが、なんといっても妖怪《ようかい》の超能力《ちょうのうりょく》といえば「死なない」ことでしょう。人に退治《たいじ》されることはありますがね。

空をとんだり、変身《へんしん》したり、人の心を読んだり、首をのばしたり、いろんな力をもっているよ。

ロクロクビ

Q4 妖怪《ようかい》はなぜ人間をおどかすの？

ウワンという妖怪《ようかい》がいます。だれもすまなくなり荒《あ》れはてた屋敷《やしき》にいて、夜、人がとおると、「うわん」と大声でおどします。でも、それだけですから、なぜ出てくるのか、まったくわかりません。

ウワンのなかまらしい女の妖怪《ようかい》が、**ケラケラオンナ**です。

さびしい道を歩いていると「ケラケラケラ」と、女のわらい声《ごえ》がひびきます。ふりむくと、屋根より大きな若《わか》い女が、こちらを見てわらっているのです。とても美人ですが、なにか気持ちがわるい。

そこでいそいでにげだすと、わらい声《ごえ》だけがどこまでもついてくるのです。ただその声はその人にしか聞こえないのだとか。

アブラスマシという妖怪《ようかい》がいます。おばあさんが孫《まご》の手を引いて、ある坂道を歩いていました。そして孫《まご》にいいました。

「そういえば、むかし、ここに**アブラスマシ**という妖怪《ようかい》が出たそうだよ」

すると、

「いまも出るぞーっ」

と声がかかりました。

アブラスマシの意味はわかっていません。

もっとすごいやつもいます。旅人が二人、道を歩きながら話していました。

「むかし、ここで血のついた人間の手と首が落ちてきたそうだ」

するとー、

「いまもーっ」

と、ほんとうに手と首が坂をころげてきたのです。**イマモ**という妖怪《ようかい》のしわざです。つまり、妖怪《ようかい》たちは「おれはここにいるぞ、気づいてくれ」といっているのかもしれません。


妖怪《ようかい》だって自分がここにいるってことを、知らせたいんだね。

イマモ

Q5 妖怪《ようかい》と幽霊《ゆうれい》って、どうちがうの？

妖怪《ようかい》と幽霊《ゆうれい》はとても似《に》ているところがあります。でも、日本人は心のどこかで区別《くべつ》してきたようです。この二つのちがいを民俗学者《みんぞくがくしゃ》の柳田国男《やなぎたくにお》（1）はこう書いています。

●妖怪《ようかい》はだいたい出る場所が決まっているが、幽霊《ゆうれい》はこれとねらった相手をめがけてどこへでもやってくる。→幽霊《ゆうれい》にねらわれたらにげられないということでしょう。

●妖怪《ようかい》は相手をえらばない。→近くへきたらいきなりすがたを見せることが多いようです。

●出る時間がちがう。→妖怪《ようかい》は夕方か明け方、幽霊《ゆうれい》は真夜中とだいたいきまっています。夕方といってもたそがれ時、つまり「だれだろう、かれは……」と顔がはっきりしない時間ですし、明け方なら「かわたれ」時、つまり「かれはだれ？」という時間にあらわれることが多いのです。でも、幽霊《ゆうれい》は草木もねむるという、丑三《うしみ》つ時《どき》（午前二時）ころが多いといわれます。

　しかし、これだけではっきりした区《く》別《べつ》がつきません。

　幽霊《ゆうれい》はもとは人間で、死んであの世（他界《たかい》）にいった存在《そんざい》です。それがこの世に心残《のこ》りがあって、あの世から、もと

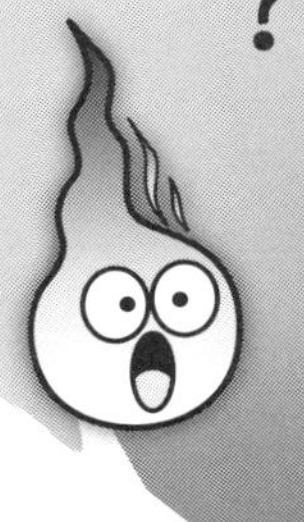

1 柳田国男《やなぎたくにお》（1875～1962年）
日本民俗学《みんぞくがく》の産みの親。早くから民間の伝承《でんしょう》に興味《きょうみ》をもち、全国を歩いた。『柳田国男全集』全32巻《かん》がある。

のすがたで出てくるのです。人へのうらみとか、残《のこ》してきた子どもがかわいそうだ、という理由です。
妖怪《ようかい》のほうは、人以外《いがい》のもの（たまに人）が、この世とちがう世界（異界《いかい》）から、もともとはちがうすがたで出てくるのだ、と考えるとわかりやすいです。

似《に》ているけれどもはっきりちがうのは、「異界《いかい》」からくるのが妖怪《ようかい》、「他界《たかい》」からくるのが幽霊《ゆうれい》だということ。

カサネ

Q6 妖怪《ようかい》とオバケは、ちがうものなの？

夜、白い着物をきて、前で手をかさね「うらめしや」と出てくるのが幽霊《ゆうれい》で、正体がはっきりしないのですが、夜道に出てきて人をおどかすのが妖怪《ようかい》だと、わたしたちはなんとなく区別《くべつ》しています。でも、わたしたちは幽霊《ゆうれい》と妖怪《ようかい》をあわせて「**オバケ**」とよんできたのです。

オバケとは、もともとのすがたが変化《へんか》したものをまとめていうのです。幽霊《ゆうれい》の場合は足がないので、もとの人間のすがたとはちがうわけです。

おばけは地方によっていろいろなよび名があります。中部・北陸《ほくりく》から東北にかけては「**モー**」、または「**モーコ**」。西日本では「**ガゴ**」「**ガガ**」「**ガモジ**」「**ガガモ**」などといってきました。ほかに「**モモンガー**」「**モンモンジャ**」「**ガゴゼ**」「**ガンゴン**」などもあります。「**ワー**」「**オンチ**」「**オゼー**」「**ニョロニョロ**」「**ドロンドロン**」という、おもしろいよび方もあります。

モー、またはモ**ーコ**というよび方は、蒙古《もうこ》(1)とはなんの関係《かんけい》もありません。これは「噛《か》もう」が変化《へんか》したのだと考えられてきました。でも最近《さいきん》は、オオカミと関係《かんけい》があるのではないかといわれています。明治《めいじ》時代の東北では、夜に子どもが泣《な》くと、「**モウコ**がくるぞ」とか、「**オ**

1 蒙古《もうこ》

シベリアの南、中国の万里《ばんり》の長城《ちょうじょう》以北に広がるモンゴル高原を中心とする地域《ちいき》。

イヌがくるぞ」といっておどしたといいます。**オイヌ**とはオオカミのことで、「モー」はオオカミの鳴き声です。オオカミなら「ウオーッ」とほえそうですが、山で聞くと「モー」と聞こえるそうです。

また**ガゴ**、**ガガ**もオオカミがえものをかじったり、ひっかいたりする音なのです。オオカミがえものの骨《ほね》をかじる音が、**オバケ**の意味に使われてきたということは、人びとがどれほどオオカミをおそれてきたかがわかります。

オバケは、妖怪《ようかい》も幽霊《ゆうれい》もひっくるめたよび名。なんだかわからないもの、おそれられているものも、オバケとよばれたんだ。

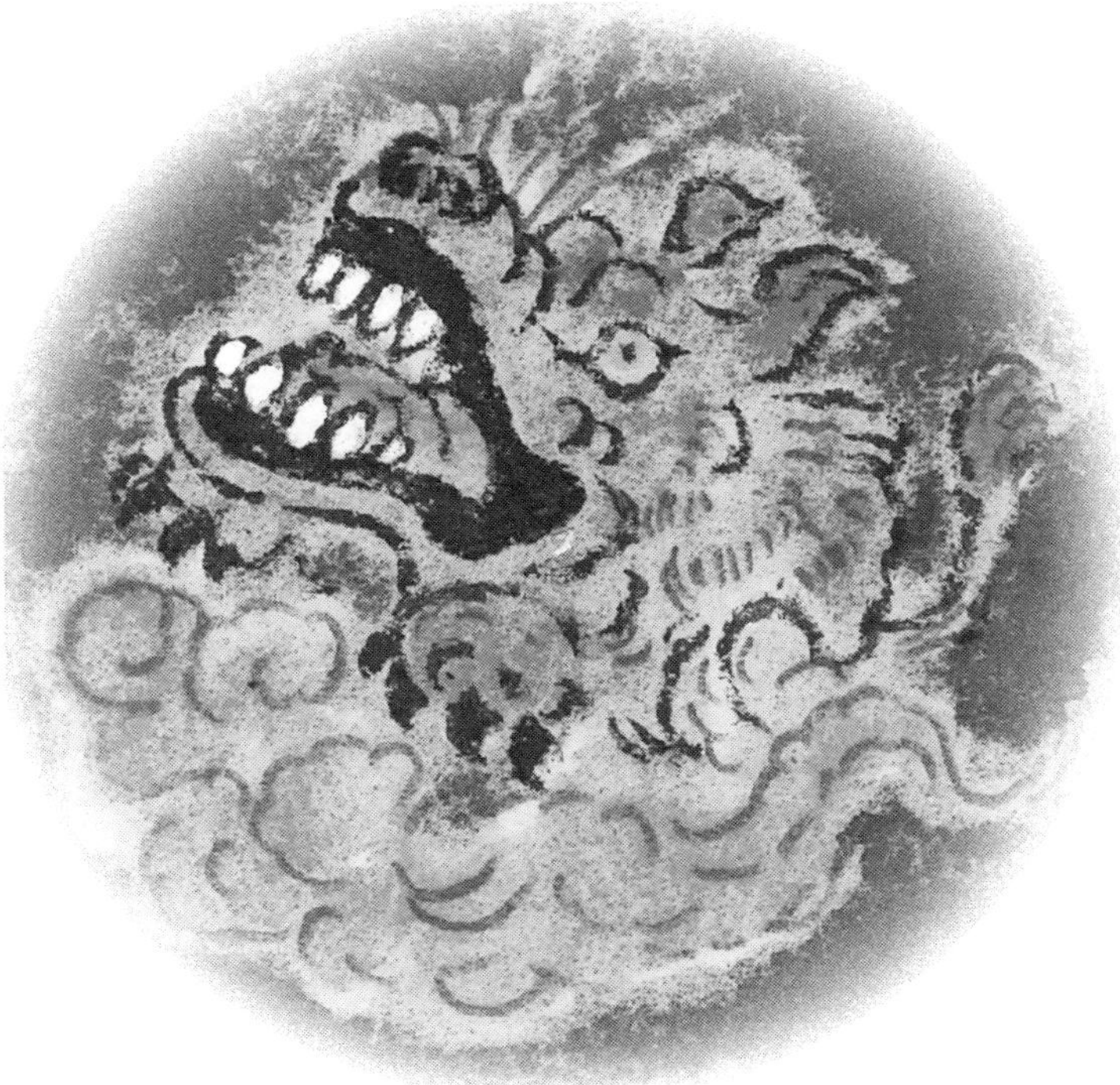

ヤサブロウババ

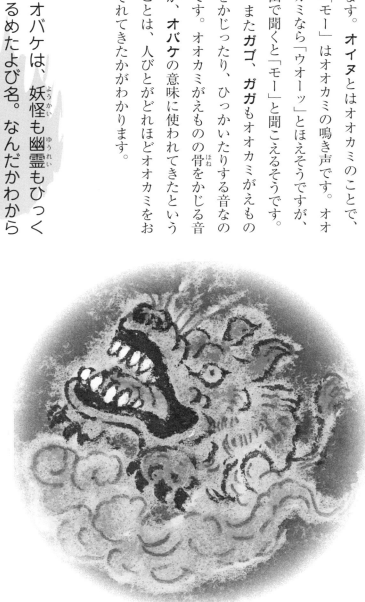

Q7 妖怪《ようかい》って、いたずらずきなの？

カッパは夜、川岸を歩いている男の前にとつぜんあらわれて、「おっちゃん、すもうとろう」といいます。**カッパ**は五、六歳《さい》の子どもほどの大きさですから、「よかろう」といって、男はすもうをとりはじめました。もちろん男が投げます。でも**カッパ**はけっして「まいった」とはいわないのです。そして夜明けまですもうをとりつづけ、けっきょく男はへとへとにつかれてしまいます。

妖怪《ようかい》は、おちぶれた神さま(1)だともいいます。そこでふしぎな力ももっているのです。**ウミボウズ**は真夜中に出てきて、「月の二十八日には海に出てはいけない、もどれ」と注意します。

この日は月の仕事おさめで、どうやら神さまにとってたいせつな日であるようです。いうことを聞かないと、船をしずめられてしまいます。

ザシキワラシは、妖怪《ようかい》なのか神の子なのかわからないところがあります。なぜなら、**ザシキワラシ**がすみついた家はゆたかになるといいつたえられているからです。でも、とてもいたずら者で、座敷《ざしき》でねている人をくすぐったり、くるりと反対方向に向かせたりします。これをやられると、わるいことが起きるといわれています。

1 おちぶれた神さま

あまりおがまれなくなったり、ありがたがられなくなったりした神さまが、妖怪《ようかい》になったという説。（柳田国男《やなぎたくにお》編「民俗学辞典《みんぞくがくじてん》」）

いらずらをする動物といえば**キツネ**や**タヌキ**ですが、**スネコスリ**もいたずらものです。雨のふる夜道を歩いているのです。と、足もとにからみついてくるのです。わずらわしくてしかたがありませんが、追いはらう方法《ほうほう》もないので、そのまま歩いていくとやがて消えていきます。

憑《つ》かれておそろしいのは**ヘビ**です。**ヘビ**は神さまでもありますが、人に憑《つ》くといつまでも追いかけてきて、ついには命をとるほどだといいます。**ヘビ**にすかれるのは命がけなのですね。

妖怪《ようかい》はよいこともわるいこともするけど、いたずらするのがいちばんすきなんだ。

スネコスリ

Q 8 夏は妖怪《ようかい》の季節《きせつ》なの？

夏の夜はねぐるしいので、たそがれ時に人が出歩くことも多くなります。すると妖怪《ようかい》がじっと待っているのです。妖怪《ようかい》は自分のいる場所をほとんど動きません。そこで人がくると「待っていました」とばかり出てくるのです。ですから妖怪《ようかい》が人をおどすには夏がいいのでしょう。

といっても、妖怪《ようかい》は暑さ寒さはあまり気にしないようです。でも**ユキオンナ**や**ユキワラシ**が夏に出てくることはありません。とけてしまいますからね。

幽霊《ゆうれい》のほうは、どうやら夏に出ることが多いようです。夏になると「東海道四《よつ》谷《や》怪談《かいだん》（1）」とか、「番町皿《ばんちょうさら》屋敷《やしき》（2）」など、ぞっとさせる芝居《しばい》がよく上演されます。わらいがとくいな落語でも、夏は怪談話《かいだんばなし》がたくさん高座《こうざ》にかかります。

とくに明治《めいじ》時代の落語家三遊亭円朝《さんゆうていえんちょう》が創作《そうさく》した、「怪談牡丹灯籠《かいだんぼたんどうろう》（3）」「真景累《しんけいかさね》ケ淵《がふち》（4）」は夏の定番です。円朝のお墓《はか》がある台東区谷中《やなか》の全生庵《ぜんしょうあん》では、命日の八月十一日には円朝が集めた幽霊画《ゆうれいが》をかざり、怪談会《かいだんえ》をやります。

幽霊《ゆうれい》が夏に出てきやすいわけは、お盆《ぼん》と関係《かんけい》がありそうです。お盆《ぼん》は先祖《せんぞ》の霊《れい》をむかえ、感謝《かんしゃ》し、いっしょにすごすたいせつな行事です。ところが、ついでにまねかれない幽霊《ゆうれい》までぞろぞろとやって

1「東海道四谷怪談《よつやかいだん》」
4世鶴屋南北《つるやなんぼく》の戯曲《ぎきょく》で、初演《しょえん》は文政《ぶんせい》8（1825）年。江戸の雑司《ぞうし》ヶ谷《がや》四谷町が舞台となり、お岩が夫の伊《い》右衛《え》門《もん》に毒《どく》をもられて殺《ころ》され、幽霊《ゆうれい》となって復讐《ふくしゅう》をはたす物語。

2「番町皿屋敷《ばんちょうさらやしき》」
青山主膳《あおやましゅぜん》の屋敷《やしき》に勤《つと》めていたお菊《きく》が、家宝の皿を一枚割《まいわ》ってしまう。青山に中指を切りおとされ、やがて殺《ころ》すといわれ、お菊《きく》は井戸に身を投げる。それから毎夜、お菊《きく》の幽霊《ゆうれい》が井戸から出て皿を数えるという話。

きてしまうのです。なにせお盆《ぼん》は「地獄《じごく》の釜《かま》のふたがあく」という時なのですから。この世に心残《のこ》りがある霊《れい》や、うらみをもって死んだ人の霊《れい》までもが「うらめしや」とやってくるというわけです。

夏は暑くて、夕方から夜にかけて出歩くことが多くなるし、お盆《ぼん》には先祖《せんぞ》の霊《れい》がもどってくるからね。

クロユリノオンリョウ

3「怪談牡丹灯籠《かいだんぼたんどうろう》」

京の五条《ごじょう》にすむ萩原新之丞《はぎわらしんのじょう》は月夜に美しい女と出会い、その女が毎夜通ってくる。隣家《りんか》の老人《ろうじん》がその女が幽霊《ゆうれい》であることに気づき、護符《ごふ》をはらせて幽霊《ゆうれい》を追いはらう。しかし、新之丞《しんのじょう》はとり殺《ころ》される。

4「真景累ケ淵《しんけいかさねがふち》」

与右衛門《よえもん》はみにくい妻《つま》の累《かさね》をしめ殺《ころ》す。26年たってむすめお菊《きく》に累《かさね》の亡霊《ぼうれい》が乗りうつり、祐天《ゆうてん》という僧《そう》が怨霊《おんりょう》をときはなつが、またお菊《きく》に助《すけ》という6、7歳《さい》の子の亡霊《ぼうれい》がつき、先代《せんだい》与右衛門《よえもん》にきらわれ、母に殺《ころ》されたことを語る。

Q 9 妖怪《ようかい》ってこわいの？ かわいいの？

日本の妖怪《ようかい》の数（1）は、四百とも六百ともいいます。人間が自然《しぜん》のなかに感じてきたおそれ、人間が作りだした妖怪《ようかい》、妖怪《ようかい》になった人や動物など、妖怪《ようかい》の出どころをさぐるとさまざまです。ですから、こわさもさまざまです。

人間の力ではどうしようもないのが自《し》然《ぜん》の力です。台風を考えてみましょう。いまの人は、あれは自然《しぜん》の現象《げんしょう》だと知っています。でもむかしの人にとって、とつぜんおそってくる強風と大雨は、神が怒《おこ》ったため、と考えたかもしれないのです。

人びとがそのおそろしい自然現象《しぜんげんしょう》を、「**テング**のしわざだ」「人がとてもわることをしたから神が怒《おこ》ったのだ」と想《そう》像《ぞう》してもふしぎではありません。**テング**は神でもあります。いまでも**テング**を神としてまつる神社は数多くあるのです。

妖怪《ようかい》と人間の関係《かんけい》を考えるとき、四つの段階《だんかい》に分けてみます。はじめは、「どこかに妖怪《ようかい》がいるぞ」となる。するとおそれて近よらないようにします。

二番目は、「妖怪《ようかい》なぞいるものか」と考える人が出てきます。

三番目は、時代がすすんで、神とか仏《ほとけ》の力、あるいは人間の知恵《ちえ》で妖怪《ようかい》が正体をあらわし、降参《こうさん》してしまうようになります。

1 日本の妖怪《ようかい》の数

全国を回り、妖怪《ようかい》話を集めて分類《ぶんるい》した妖怪《ようかい》博士・井上円了《いのうええんりょう》（208 ページ）によれば 400 あまりである。ほかに、江戸《えど》時代の随筆《ずいひつ》などに出てくる妖怪《ようかい》やカッパなど、いくつものよび方を合わせると 600 くらいになる。

そして最後《さいご》は、妖怪《ようかい》はわらい話のタネになります。**テング**が、人にかくれみのや、とおめがねをとられてしまうような、だまされる存在《そんざい》になります。**カッパ**などはコマーシャルにまでなりました。でも、妖怪《ようかい》は妖怪《ようかい》なのです。自然《しぜん》のふしぎや人間の想像《そうぞう》を超《こ》えた力をもっているはずなのです。そして妖怪《ようかい》って、どこか人なつこいところがあります。**カッパ**がその代表でしょう。それが妖怪《ようかい》のかわいさでもあるのでしょう。

こわい妖怪《ようかい》も、だんだんかわいがられるものに変《か》わってきてしまった。だけど、どっこいそれだけではないよ。

セコ

コノハテング

タキワロ

Q10 妖怪《ようかい》って、なぜへんなことをするの？

妖怪《ようかい》は、暗い場所にとつぜんあらわれることがあります。電気がまだ通っていない時代、夜の明かりは、ろうそくか油でした。でも、天井《てんじょう》までは明かりがとどきません。そこで天井《てんじょう》からへんなものが顔を出すことになります。

テンジョウサガリは、**オニババ**のようなこわい顔で、

「天井《てんじょう》を見ろ、天井《てんじょう》を見ろ」

とさけびながら、ぶらさがってきます。

ただそれだけなので、ながめていればいいのです。きっと、人はなにか心配なことがあったり、なげいたりするとき、つい天井《てんじょう》を見あげるので、こんな妖怪《ようかい》も出てきてしまったのでしょう。

テンジョウナメはやせていて、やたらと背《せ》の高い妖怪《ようかい》です。天井《てんじょう》が暗いのはこの妖怪《ようかい》のせいだとされていて、天井《てんじょう》をなめられるとシミがつくといいます。

天井《てんじょう》にはクモが巣《す》をはります。江戸《えど》時代のこと、館林藩《たてばやしはん》（群馬県《ぐんまけん》）のあるさむらいが、**テンジョウナメ**をつかって天井《てんじょう》のクモの巣《す》をなめとらせたといいます。

だれもすまなくなった古寺で、毎晩《まいばん》へんな妖怪《ようかい》たちがおどっていました。「ぶんくらぶんくら」とおどるのが**フルミノ**[1]、**フルガサ**、**フルゴトク**[2]。「でんでんごろ」は**フルダイコ**、「ち

1 ミノ
ワラでできたマント

2 ゴトク
ヤカンやナベをのせる台

んからかん」は**フルガネ**、「たんぽくたんぽく」は**フルモクギョ**です。みんな、使われなくなった道具類《どうぐるい》に魂《たましい》が宿ったというわけです。

テンジョウナメ

なんでへんなことをするのかは、人間のやったことや考えることに、わけがあるかもしれないね。

Q11 妖怪《ようかい》が集まる日ってあるの？

平安時代には、深夜に妖怪《ようかい》たちが列をつくって道をねり歩いたといいます。これを「百鬼夜行《ひゃっきやぎょう》」といい、人間は出歩いてはいけないとされていました。むかしは十二支《し》で日や時を表していたので、妖怪《ようかい》たちが百鬼夜行《ひゃっきやぎょう》をする日は、一、二月はネの日、三、四月ウシの日、五、六月ミの日、七、八月イヌの日、九、十月ヒツジの日、十一、十二月はタツの日でした。日ではなく、ネの時（夜の十二時ころから二時間ほど）だともいわれます。もし百鬼夜行《ひゃっきやぎょう》に出会うと、その人ばかりでなく、知り合いの人がみんな死ぬとおそれられました。

平安時代、藤原常行《ふじわらのときつら》という貴族《きぞく》が百鬼夜行《ひゃっきやぎょう》に行き会ったので、あわててかくれました。

すると**オニ**が、

「どうも人の気配《けはい》がするぞ」

といって近よってきましたが、常行《ときつら》のそばまでこないで

帰っていきます。ほかの**オニ**も来ましたがおなじでした。

すると一ぴきの**オニ**が、

「ここには尊勝陀羅尼《そんしょうだらに》の力がある」

といいました。尊勝陀羅尼《そんしょうだらに》とは、人の罪《つみ》を消したり命を長らえさせるありがたいお経《きょう》とされています。じつは、常《とき》行《つら》の乳母《うば》が心配して、着物にこのお経《きょう》を書いた紙を縫《ぬ》いこんでいたというわけです。

百鬼夜行《ひゃっきやぎょう》を描《えが》いたのが「百鬼夜行絵巻《ひゃっきやぎょうえまき》」で、いままでたくさんの絵巻《えまき》が作られました。とくに有名で国宝《こくほう》になっているのは、大徳寺真珠庵《だいとくじしんじゅあん》の「百鬼夜行絵巻《ひゃっきやぎょうえまき》」です。そこには**アオオニ**からはじまって、たくさんの道具《どうぐ》の妖怪《ようかい》も出てくるのですが、それは「器物《きぶつ》は百年たつと魂《たましい》をもつ」と考えられていたからです。

妖怪《ようかい》たちは決まった夜に集まって町をねり歩く。これに出会うと命がなくなるよ！

百鬼夜行《ひゃっきやぎょう》

Q 12 妖怪《ようかい》も結婚《けっこん》するの？

人間と結婚《けっこん》した妖怪《ようかい》の代表といえば、**ユキオンナ**でしょう。茂作《もさく》という老人《ろうじん》と、巳之吉《みのきち》という若者《わかもの》が、吹雪《ふぶき》の夜小屋に泊《と》まると、**ユキオンナ**がやってきて茂作《もさく》を殺《ころ》します。巳之吉《みのきち》はこのことをぜったいに話さない、と**ユキオンナ**とやくそくして命を助けられます。

しばらくすると、お雪という美しいむすめがたずねてきて、巳之吉《みのきち》と結婚《けっこん》し、十人の子どもが生まれます。ある雪のふる夜、お雪の横顔を見ていた巳之吉《みのきち》はつい、「おまえと同じくらい美しい女を見たことがある」と、**ユキオンナ**のことを話します。すると、「あれほどいうなとやくそくしたのに。すぐにでもおまえを殺《ころ》したいが、子どもがいる」といって、お雪は**ユキオンナ**にかわると、雪の中にすがたをけしました。

千年あまりむかしにもこんな話があります。

あるとき安倍保名《あべのやすな》は、信太森《しのだのもり》にある葛《くず》葉神社《のはじんじゃ》で、猟師《りょうし》に追われた白ギツネを助けましたが、自分もけがをしてしまいます。そこに**クズノハ**と名のる十五、六歳《さい》の美しい女があらわれて、手当をして家までおくってくれました。

クズノハはそれから保名《やすな》の家によく来るようになり、ふたりは結婚《けっこん》しまし

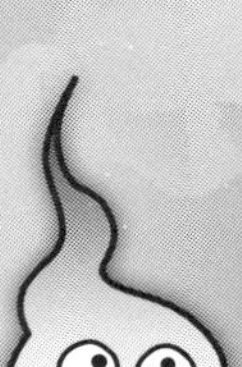

た。やがて男の子が生まれ、「童子丸《どうじまる》」と名づけました。

童子丸《どうじまる》が七歳《さい》になった秋のこと、**クズノハ**が昼寝《ひるね》をしていると、おしりからキツネのしっぽが出ています。童子丸《どうじまる》がそれを見つけてしまったので、もういっしょにくらせないと、森にもどってしまいました。**クズノハ**は、あのとき助けられた白ギツネだったのです。

この童子丸《どうじまる》が成長して、有名《ゆうめい》な陰陽《おんみょう》師《じ》・安倍晴明《あべのせいめい》になったのだといいます。


妖怪《ようかい》どうしも結婚《けっこん》するけど、人間と結婚《けっこん》したい妖怪《ようかい》は多いようだよ。

クズノハ

Q13 人間も妖怪《ようかい》になれるの？

むかし、若《わか》いお坊《ぼう》さんが熊野《くまの》権現《ごんげん》におまいりにいきました。熊野《くまの》権現《ごんげん》は和歌山県にある神社で、古くから霊山《れいざん》として信仰《しんこう》を集めていました。そのとき、ある女の人の家に泊《と》めてもらいました。すると、その女の人はお坊《ぼう》さんを一目ですきになってしまったのです。

つぎの朝、お坊《ぼう》さんが宿を出ようとすると、追《お》いかけてきました。

「あす、権現《ごんげん》におまいりをすませたら、かならずもどります」

お坊《ぼう》さんはそういって、にげるように山道をいそぎました。そしておまいりをすますと、べつの道を通って自分の寺に帰ってしまったのです。女の人は待ちました。けれど何日たってもお坊《ぼう》さんはもどってきません。人に聞くと、とっくに寺に帰ってしまったのだといいます。女の人は怒《おこ》って、怒《おこ》って、ついに死ぬと五メートルあまりの**ドクヘビ**に変身《へんしん》し、お坊《ぼう》さ

んを追いかけました。お坊《ぼう》さんは道成寺《どうじょうじ》という寺ににげこみ、つり鐘《がね》をおろしてもらって、その中にかくれます。

ドクヘビは力まかせにお寺の門をつきやぶり、鐘《かね》にぎりぎりとまきつきました。そして尾で鐘《かね》をたたき続《つづ》けます。そうして四、五時間もたったでしょうか。**ドクヘビ**は血のなみだを流しながら去っていきました。

お寺の人が鐘《かね》に近づくと、**ヘビ**の毒気《どくけ》でものすごい熱《ねつ》を発していいます。水をかけて冷《ひ》やし、鐘《かね》を上《あ》げてみると、お坊《ぼう》さんはわずかな灰《はい》になっていました。

これが能《のう》などで演《えん》じられる「道成寺《どうじょうじ》」のもとの話です。

これほどの情熱《じょうねつ》とうらみをもたないと、どうやら妖怪《ようかい》にはなれないらしいのです。ほかに、生きているときわるいことをした僧侶《そうりょ》はみな**テング**にされたとか、油をぬすんだ男は火の妖怪《ようかい》になってさまよっているなどともいわれます。

なれないこともないけれど、なるのはかなりたいへんそう。きみは、妖怪《ようかい》になりたい？

Q14 妖怪《ようかい》と出会ったら、どうすればいいの？

もし、妖怪《ようかい》の名まえがわかったなら、よびましょう。「大工と鬼六《おにろく》」というむかし話がよい例《れい》です。

川の流れが速くて、橋が何度も流されるので、腕《うで》のよい大工が橋をかけるようにたのまれました。けれど橋がかけられずに、大工は自分の目玉と交換《こうかん》に、**オニ**に橋をかけてもらいました。「目玉をよこせ」と**オニ**はせまります。けれど、**オニ**は「もし、オレの名まえをあてたらゆるしてやる」と条件《じょうけん》を出しました。

大工は山に入って、**オニ**の子どもの歌から、オニの名まえが鬼六《おにろく》だと知りました。「おまえの名は鬼六《おにろく》だ！」

そうさけぶと、**オニ**は「ワアッ」といって水の中に消えていきました。

名まえにはその人の魂《たましい》があるので、むかしは他人に自分の名まえをかんたんには教えなかったのです。

でも、妖怪《ようかい》の名まえがわからなかったらどうしましょう。**クビキレウマ**というウマの妖怪《ようかい》は、神さまが乗っていたり、ウマの首だけがとびまわります。とても名まえを聞くよゆうはありません。出会ってしまったら、地面にふせて、頭にぞうりを乗せるのです。今なら、クツでもききめがあるかな？

とにかく、ぼんやりしていたら、けら

れて大けがをします。

カッパにおしりをねらわれたら、鉄びんのふたをおしりにあてます。**カッパ**は鉄がきらいだからです。**キツネ**や**タヌキ**に化《ば》かされたかなと思ったら、マユにつばをつけます。つばは人の魂《たましい》の分身だとされているからです。

ほかに「ナムアミダブツ」とか「ナムミョウホウレンゲキョウ」と、お経《きょう》をとなえても追いはらえるようです。いずれにしろ、日本の妖怪《ようかい》は人の命をねらうことはほとんどないので、なんとかのがれる方法《ほうほう》はあるのです。

妖怪《ようかい》によってにげ方がちがうから、ふだんから妖怪《ようかい》の勉強をして準備《じゅんび》しておこう！

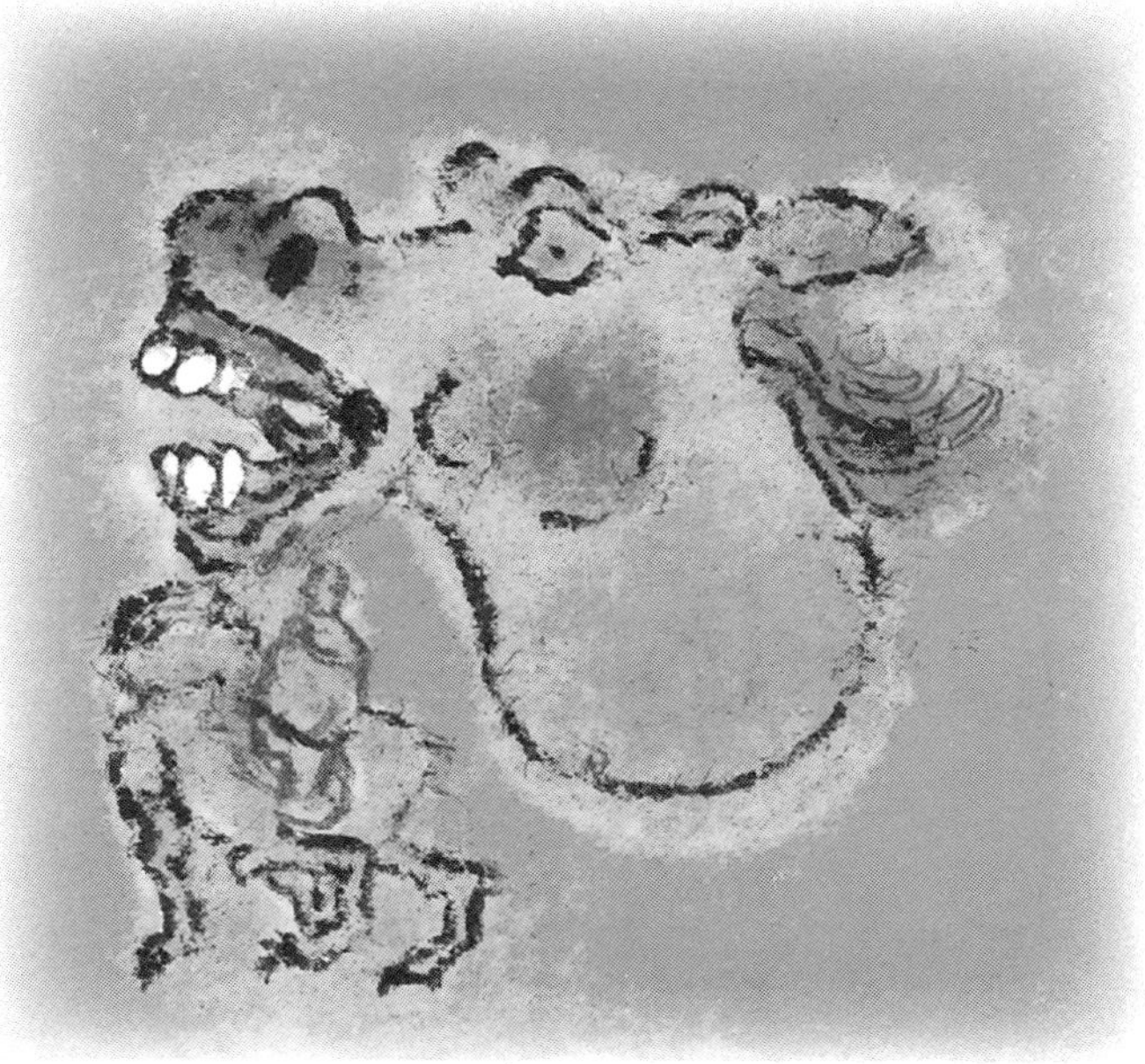

クビキレウマ

Q15 妖怪《ようかい》って今もいるの？

一九七八年ころから全国で**クチサケオンナ**という妖怪《ようかい》があらわれて、子どもたちをおそれさせました。夕ぐれ時、町のかどに大きなマスクをして立っていて、通りかかった子どもに「わたし、きれい？」とたずねます。「ブス」と答えると、手にもったカマやホウチョウできりつけてきます。「美人です」と答えると、「これでもォ？」とマスクをはずします。そして耳までさけた口をひらいて追いかけてくるのです。その速さは百メートルを三秒といいますから、とてもにげきれません。そのときは、**クチサケオンナ**のきらいな「ポマード、ポマード」とさけぶか、べっこうアメをやるといいといわれました。うわさが広がり、学校では集団《しゅうだん》登下校をするまでになりましたが、一九七九年夏ころからしだいにうわさは消えていきました。

　ほかに、人間そっくりの顔をした**ジンメンギョ**とか、顔が人で体はイヌという**ジンメンケン**もうわさになりました。山では**ツチノコ**が話題になり、見つけた人に懸賞金《けんしょうきん》を出すという町まであらわれました。

　もともと妖怪《ようかい》は闇《やみ》にすむものです。そして人のいる近くに出てくるのです。人のほとんど行かない場所では仕事（？）

になりませんから。でも都会ではほとんど闇《やみ》は消えました。それでも**クチサケオンナ**のような妖怪《ようかい》がヒョイと出てきます。それはきっと、人間の心が闇《やみ》をかかえているからではないでしょうか。人の心の世界は明るいだけではないのです。心の闇《やみ》がすがたをもったとき、また新しい妖怪《ようかい》がすがたをあらわすでしょう。人間の作った社会に闇《やみ》があれば、そこが妖《よう》怪《かい》たちのすみかなのです。

夜も電気がともされて、妖怪《ようかい》のすむ場所はすくなくなった。でも、妖怪《ようかい》は人の心の闇《やみ》にもすみつくんだ。

クチサケオンナ

妖怪《ようかい》日和《びより》

「妖怪《ようかい》注《ちゅう》意《い》報《ほう》が出ています！
ちょっとした暗がりの**アオボウズ**にご用心ください」

2章　カッパ・テング・オニのふしぎ

Q16 カッパっていつからいるの？

いまから千六百年ほどまえ、たくさんのカッパが熊本県《くまもとけん》八代市《やつしろし》徳渕津《とくのぶちつ》に上陸《じょうりく》しました。

カッパたちは中国の奥地《おくち》にいましたが、食料《しょくりょう》がたりなくなったので、はるばる海をこえてやってきたのです。

カッパの親分は九千坊《きゅうせんぼう》といいました。

カッパたちは球磨川《くまがわ》にすみつくと、土地をたがやし、医術《いじゅつ》や織物《おりもの》の技術《ぎじゅつ》をつたえましたが、住民《じゅうみん》たちとよくもめごとも起こしました。

戦国《せんごく》時代の武将《ぶしょう》加藤清正《かとうきよまさ》(1)は、かわいがっていたお小姓《こしょう》をカッパにさらわれ、怒《おこ》って国中のサルを集めて、戦《たたか》わせました。カッパはサルに弱いからです。

そのうえ川に毒《どく》まで流したので、九千坊《きゅうせんぼう》もついに降参《こうさん》し、となりの有馬侯《ありまこう》をたよって筑後川《ちくごがわ》に引っこしていきました。

そのころ、八代市でカッパがつかまりました。カッパはそばの大石を指さして、

「この石がすりへるまでいたずらはしません。そのかわり年に一度お祭りをしてください」

とたのみました。人びとはカッパをゆるして、毎年五月に「オレオレデーライター祭」をすることにしました。「オレオレデーライター」は、「呉《ご》(2)の人がたくさん来た」という意味です。

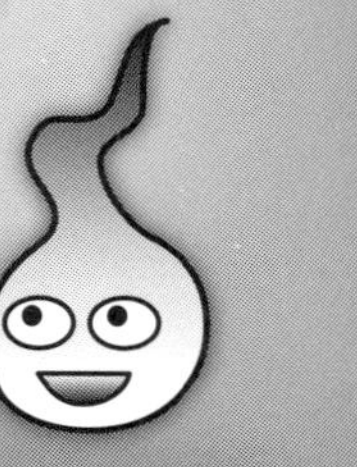

1 加藤清正《かとうきよまさ》

豊臣秀吉《とよとみひでよし》の家来。トラ退治《たいじ》で有名な強い武将《ぶしょう》。城造《しろづく》りの名人。

2 呉《ご》

中国の三国時代に長江《ちょうこう》の流域《りゅういき》にあった国。

カッパがワラ人形からつくられたという話もあります。

大工が、あるやしきをつくっているとき、人手がたりなくなりました。そこでワラ人形に命をふきこんで仕事をてつだわせ、ぶじ終わると、人形の頭を木づちでたたいて川に流しました。そのとき、「これからはウシでもウマでも人間でもいい、尻子玉《しりこだま》をとって食え」といいました。それから**カッパ**の頭には皿ができ、人のしりから手を入れて、尻子玉《しりこだま》をねらうようになったのです。

またべつの大工は、仕事で三千のワラ人形をつかい、終わると千を山に、千を海に、残《のこ》りの千を川に流しました。それで**カッパ**は山にも海にも川にもいるようになったのです。

ずっとむかしに中国から渡《わた》ってきたんだ。命をふきこまれたワラ人形がカッパになったともいわれてるよ。

カンチキ

Q17 カッパって、全国にいるの？

カッパとそのなかまは全国にいます。古くは水の妖怪《ようかい》を「**ミズチ**」とよんでいました。「チ」は精霊《せいれい》の意味ですから、まさに**カッパ**は水の精霊《せいれい》です。これがなまって、北海道・東北地方では「**メドチ**」、「**ミンツチ**」。富山県《とやまけん》あたりでは「**ミズシ**」とよんでいます。

カッパという名は今でこそ全国区ですが、はじめはおもに関東《かんとう》を中心によばれていました。**カワワッパ**は、人間より小さくて川にすむもの、という意味でしょう。同じように、「**カワワラス**」、「**カワラコゾウ**」、「**カワランベ**」（おもに中部地方）ともよばれます。

関西《かんさい》方面ではおもに「**カワタロウ**」で、**カワウソ**が長生きしたものだということです。太郎《たろう》は長男につける名前で、すぐれたものを意味します。同じように、「**ガワタロ**」、「**ガータロ**」（近畿《きんき》・九州地方など）、「**ガタロウ**」（四国地方）があります。

中国地方や四国地方では「**エンコウ**」とよぶことが多いのですが、漢字にすると「猿猴《えんこう》」なので、サルのなかまということになるでしょう。

北九州では「**カワノモノ**」、「**カワノトノ**」、「**ガータロ**」などです。「**カワノヒト**」、「**ガワノヌシ**」などともいいます。佐賀県《さがけん》、宮崎県《みやざきけん》では「**ヒョウスベ**」

です。これはカッパが里と山を行き来するとき、「ヒョウヒョウ」と鳴くからです。**カッパ**のなかまだと考えられる「**ケンムン**」（化《け》のモノ）は奄美諸島《あまみしょとう》にいて、沖縄県《おきなわけん》には「**キジムナー**」（木の精霊《せいれい》）がいます。

ほかには、カメのイメージから「**ガメ**」、すっぽんのイメージから「**ドチ**」（中部地方）、芝《しば》テングの意味の「**シバテン**」は、もっぱら四国地方でよばれています。**カッパ**には、いろいろな動物や妖怪《ようかい》のイメージがつまっているということでしょう。

全国にいるといってまちがいない。カッパのよび名もむかしは八十以上《いじょう》、いまでも三十はあるよ。

カッパの名前地図

Q18 なんでおさらとこうらがあるの？

カッパはいわゆる「おかっぱ頭」で、髪《かみ》の毛はみじかく、てっぺんに皿があります。背中《せなか》にはこうらがあって、大きさは四、五歳《さい》の人間の子どもくらい。ほんとうに**カッパ**を見た人たちは、四歳《さい》くらいから十五歳《さい》くらいまでいるといっています。

足の指は三〜五本で、うではつながっていて、右のうでを引くと左のうでの分だけ伸《の》びるのです。これは、両手がつながっているわら人形から**カッパ**がつくられた、といわれているからです。おさらやこうらは、カメやカワウソ、サルなどからイメージされたのでしょう。

長野県の**カッパ**は、体長三十センチほどで、体中に赤い毛が生えていたといいます。

茨城県《いばらきけん》の海でつかまった**カッパ**は、体長一メートル、体重が四十五キロと、かなりの重さでした。網《あみ》でつかまえたところ、赤んぼうのような鳴き声を出し、頭をたたくと八分目くらい胴《どう》にめりこんだそうですから、カメのようでもあります。おしりに穴《あな》が三つあって、たたかれておならをしたら、あまりにくさくて、船頭が病気になったほどです。

福岡県《ふくおかけん》の**カッパ**は、体にナマズの皮膚《ひふ》のような斑点《はんてん》があり、鼻はつきだして、

目はドングリのよう、白い歯がぶきみだったそうです。

岩手県の大槌湾《おおづちわん》で、人にすもうをとろうといってきた**カッパ**は、体長六十五センチほど、はだはすべすべで、なぐるとこぶしが体にめりこむほどやわらかく、指は三本で、つめはするどくとがっていました。宮崎県《みやざきけん》でも一メートルより小さい**カッパ**が十ぴきほど、九歳《さい》の子どもに「すもうをしよう」と出てきました。

このように各地《かくち》の**カッパ**の記録《きろく》や、江《え》戸《ど》時代につかまった**カッパ**の絵を見ても、**カッパ**はけっしてかわいいものではありません。形は人や動物に似《に》ていますが、どれも妖怪《ようかい》とよぶにふさわしい、ぶきみな顔立ちやすがたをしています。

カッパは、カメやカワウソ、サルなどの動物からイメージされた水の妖怪《ようかい》だ。かわいいイメージではなかったんだよ。

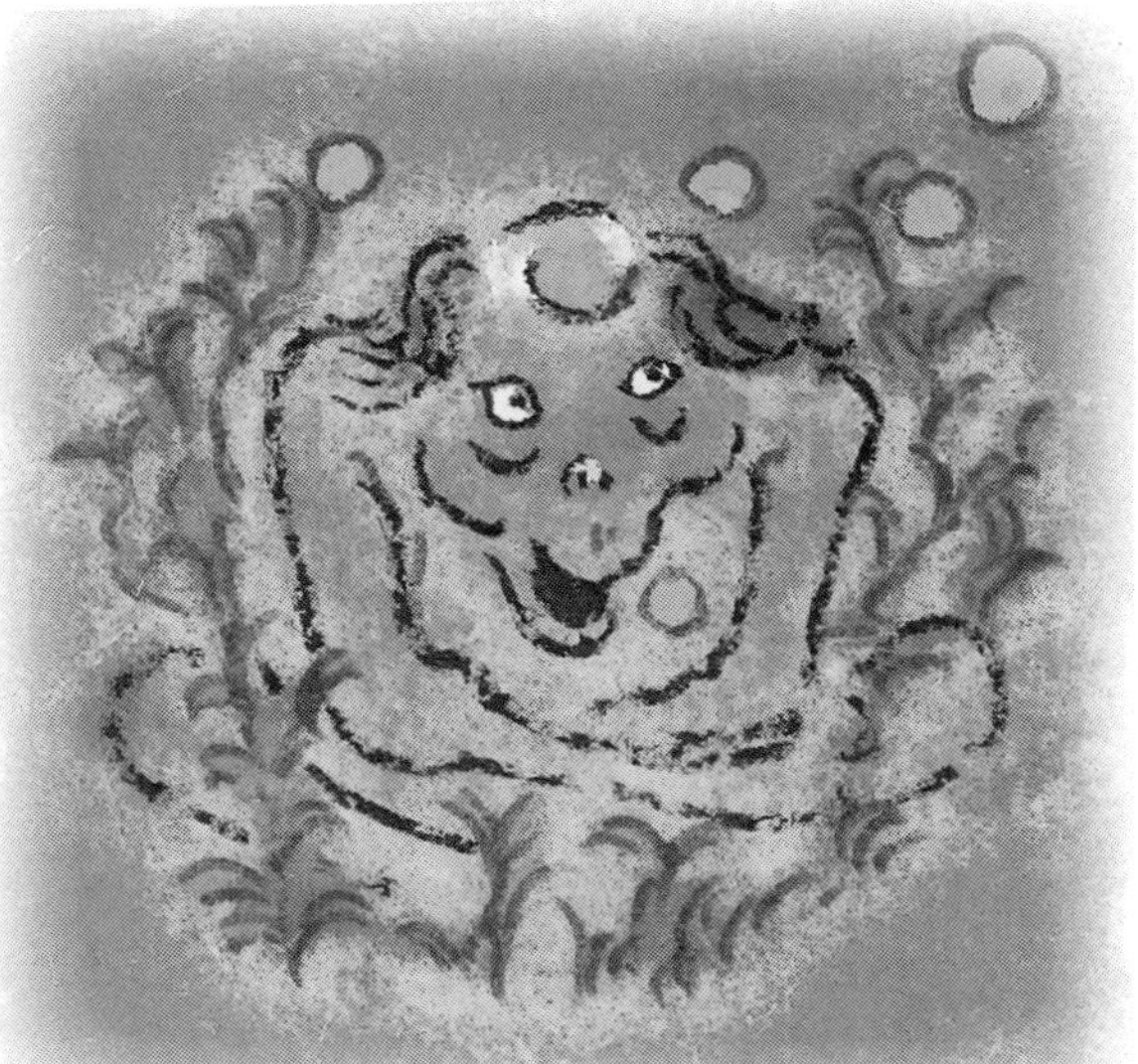

フチザル

Q19 カッパがおしりをねらうのはなぜ？

カッパは力もちで、ウマを水に引きこむくらい力があります。一日中働《はたら》いたウマが、水辺《みずべ》で足をひやしていると、**カッパ**は水の中から手を伸《の》ばして水に引きこもうとします。これを「**カッパ**の駒《こま》引き」といいます（駒《こま》はウマのこと）。**カッパ**は六人力、ウマは八人力というので、たいていは**カッパ**のほうが負けて、陸《りく》に引きあげられることが多いようです。

カッパは人も水に引きこみます。また、およいでいる人のしりをねらって、尻子玉《しりこだま》や肝《きも》をぬいてしまいます。これをぬかれたら、ふぬけになるか、命がなくなります。**カッパ**に尻子玉《しりこだま》をぬかれて死んだ人の肛門《こうもん》は、ぽっかりとあいているので、それとわかります。

カッパにも好《この》みがあって、紫尻《むらさきじり》がとくにすきだといいます。岩手県遠野市には「紫《むらさき》けつは上々《じょうじょう》けつ」ということわざが残《のこ》っています。紫《むらさき》というのは青尻《あおじり》で、蒙古斑《もうこはん》ともよばれる青いあざがあるしりといえば、子どもですね。とくに子どもは**カッパ**に気をつけなければならないということでしょう。

また、陸《りく》にあがって、トイレに入った人のしりをなでることもあります。もちろん、尻子玉《しりこだま》をねらっているのです。**カッパ**のうでは伸縮自在《しんしゅくじざい》だから、ト

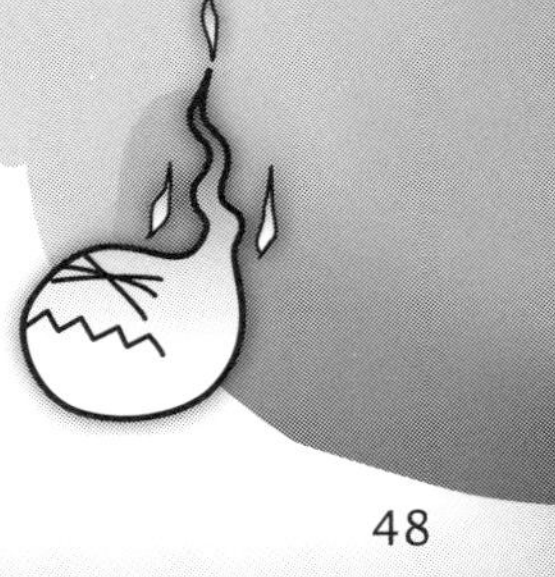

イレの穴《あな》からすうっとのびる。しかも、ねらわれるのはおもに女の人。じつは**カッパ**はオスだけしかいないとか、メスが少ないので子孫《しそん》を残《のこ》すために女の人をねらう、という説《せつ》もあります。

もっとも、**カッパ**は人間の男女の区別《くべつ》ができないで、女の人の着物を着てトイレでまちかまえていたさむらいに、うでを切りおとされてしまったという話もあります。

カッパは尻子玉《しりこだま》をねらってるんだ。とられるとふぬけになったり、命をおとしてしまうよ。とくに子どもと女の人は注意！

カワラコゾウ

Q20 カッパはなぜキュウリがすきなの？

新潟県《にいがたけん》に大きな松《まつ》の古木があって、人はこれを**カッパ松**《まつ》とよんでいました。

ある年のこと、キュウリ畑がなんども荒《あ》らされて、村人はとてもこまっていました。そこで見はりを立てると、ざんばら髪《かみ》の小さい者がやってきて、さかんに畑のキュウリを食べているのです。「こいつめ！」とばかりつかまえて、松《まつ》の木にしばりつけておきました。やがて、近くの川からべつの**カッパ**がやってきて、

「これからはけっしてキュウリ畑を荒《あ》らしません。また、近くの子どもが水あびしても、この松《まつ》があるあいだは手を出しません。だから、なかまをゆるしてください」

と、おわびをいれてきました。そこでつかまえた**カッパ**をはなしてやったのですが、それ以来《いらい》、その松《まつ》を**カッパ松**《まつ》とよぶようになったのだといいます。

このような話は各地《かくち》にあります。また、その年はじめてとれたキュウリは、八月一日、あるいは十五、十六日に水の神にそなえたあとでなければ食べない、という地域《ちいき》も多いのです。これは江戸《えど》時代には広く行われていた行事です。水の神は、キュウリなど夏のやさいがすきだと信《しん》じられていたからです。

カッパは水の神の使いですから、神さ

まのおそなえのおこぼれをもらっていたと考えるのがわかりやすいでしょう。

ではなぜ水の神はキュウリがすきか?

キュウリは瓜《うり》の一種《いっしゅ》で、瓜《うり》の中には空洞《くうどう》があるので、神さまがそこにすわっているとか、悪霊《あくりょう》を閉《と》じこめるものだと考えられていたようです。わるい霊《れい》をとじこめた瓜《うり》は、川に流していたのですが、江戸《えど》時代のころから、なぜか**カッパ**の好物《こうぶつ》とされるようになりました。

また、七夕《たなばた》やお盆《ぼん》には、キュウリやナスを、ウマやウシにしてかざり、祭りが終わると川に流していました。そこで**カッパ**とキュウリのつながりができたのだともいわれています。

カッパは水の神の使いだから、水の神におそなえするキュウリがすきなんだ。ナスやスイカなど、ほかの夏ヤサイも好物《こうぶつ》だよ。

キジムナー

Q21 女のカッパっているの？

関東《かんとう》を流れる利根川《とねがわ》に、**ネネコ**という**カッパ**の女親分がいました。**ネネコ**は利根川にすむ**カッパ**をひきいて、川をあちらこちらに移動《いどう》しながら、わるいことをしていました。

茨城県《いばらきけん》のある家に**ネネコ**の像《ぞう》がまつられています。この家につたわる伝説《でんせつ》によれば、**ネネコ**はきげんがわるくなると、堤防《ていぼう》をこわして田や畑を水びたしにしたり、人やウマ、ウシを水に引きずりこんだりしていたのです。でも、ついに**ネネコ**はその家の人につかまってしまいました。家の人は**ネネコ**に「二度とわるいことはしません」とやくそくさせて、利根川《とねがわ》にはなしてやりました。そして、**ネネコ**にやくそくを守らせるため、像《ぞう》を作ってまつったのです。

関東《かんとう》の女親分が**ネネコ**なら、北九州の女親分は**ウミゴゼン**（**アマゴゼン**）です。いまから八百年以上《いじょう》まえ、壇ノ浦《だんのうら》で源氏《げんじ》と平氏《へいし》が戦《たたか》い、平氏《へいし》は負けました。平《へい》氏《し》の人びとはほとんど海にしずめられ、男は平家ガニになり、女は**カッパ**になったといわれています。**ウミゴゼン**は北九州市門司《もじ》に流れつき、**カッパ**の親分になったのです。

カッパたちは、五月五日の端午《たんご》の節句《せっく》になると、**ウミゴゼン**のところに集まっ

てきます。すると、**ウミゴゼン**はこういいわたします。

「さあ、これからおまえたちは里にいっていい。そして源氏《げんじ》に関係《かんけい》するものを見つけたら、水に引きこんでおやり」

カッパたちは散《ち》っていきます。でも白いソバの花がさくと、みんな海にもどってくるのです。それはソバの花が源《げん》氏《じ》の旗《はた》に見えるからです。平氏《へいし》の旗《はた》は赤でした。

女のカッパは強いよ。カッパの親分になって、カッパたちをおさめているんだ。

ウミゴゼン

Q22 なぜ**カッパ**はすもうがすきなの？

三月三日といえば桃《もも》の節句《せっく》です。福岡《ふくおか》県《けん》のとある堤《つつみ》を、酒でほろよいになった男が歩いていました。とつぜん、皿を頭に乗せた赤ら顔のものが行く手をさえぎって、

「おれに勝ったらここを通すが、負けたら、ちょっとも先にはやらん」

と、なまいきそうにいうのです。

うでじまんの男は、「こしゃくなこぞうめ」と、つかまえて投げつけたのですが、すぐに新しいやつが行く手をさえぎり、とても前へは進めません。男はふと、手につばをつけるまじないを思いだし、やってみると、赤ら顔のものたちはにげていきました。

久留米市《くるめし》に力じまんの力士《りきし》がいました。夕日を受けて美しい筑後川《ちくごがわ》の川岸に立っていると、三びきの**カッパ**がすもうをいどんできました。もちろん、力士《りきし》は受けてたち、三びきをあっというまに投げすてました。すると、水中から数百の**カッパ**が出てきて、すもうをいどみはじめました。それでも力士《りきし》にはかないません。がっくりと川中にもどっていく**カッパ**の後ろすがたをじまんげに見送り、水《みず》辺《べ》で手をあらおうとした瞬間《しゅんかん》、力士《りきし》のすがたは水中に消えました。水の中では千人力の**カッパ**が、力士《りきし》を水に引きずりこ

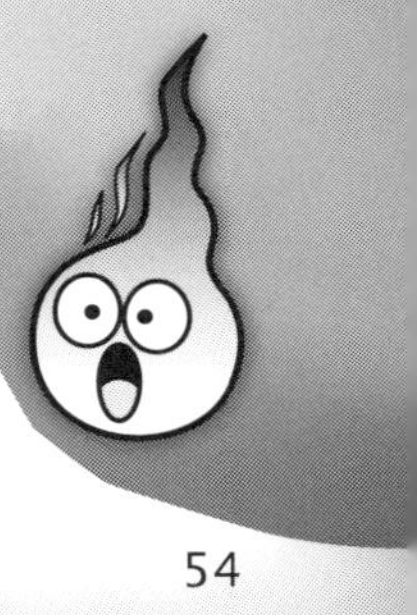

んだのです。なぜ**カッパ**は人間にすもうをいどむのでしょう。すもうは、水の神や農耕《のうこう》の神をまつる神事として行われていました。**カッパ**は水の神の使いなので、すもうがすきだというわけです。

二つ目は、なんといっても**カッパ**は妖《よう》怪《かい》で、人と戦《たたか》うことはさけられない運命にあるからです。そして三つ目は、人を水に引きこんで尻子玉《しりこだま》をぬくためといわれます。

さて、この災難《さいなん》をさけるには、どうすればいいのか。仏様《ほとけさま》にあげたごはんを食べてからすもうをとると、**カッパ**には目が光ってみえて、にげていきます。**カッパ**のきらいな鉄を身につけていけばいいともいいます。

すもうはもともと神さまの前で行うもの。カッパは水の神さまの使いだから、すもうがすきなんだね。

ヘイケノカッパ

Q23 カッパのきらいなものはなに？

宮崎県児湯郡都農町《みやざきけんこゆぐんつのちょう》を流れる名貫川《なぬきがわ》のほとりに、徳泉寺《とくせんじ》という寺がありました。その寺の洞益《どうえき》というおしょうさんが、あるとき葬式《そうしき》に行きました。

帰りに、ウマを河原《かわら》に置いたまま寺にもどりましたが、しばらくするとウマがもどってきました。見ると、**カッパ**をくわえています。

「ははあ、**カッパ**め、ウマを水に引きこもうとしたな」

洞益《どうえき》は**カッパ**をなわで柱にしばりつけました。

しばらくすると、**カッパ**はすっかり弱って、

「もういたずらはいたしません。どうか頭に水をかけてください」

というので、洞益《どうえき》はかわいそうに思い水をかけてやると、**カッパ**は急に力が強くなって、なわを切ってにげだしました。

それから毎晩《まいばん》、**カッパ**はおおぜいのなかまをつれて田畑を荒《あ》らしまわりました。そこで洞益《どうえき》は七日七番おいのりして、千の石にお経《きょう》をきざみ、名貫川《なぬきがわ》にしずめました。

カッパは川にすめなくなって、そろってお寺におわびにきました。

「川の水がなくなっても、火であぶった豆から芽《め》が出ても、もうわるさはしませ

ん。どうか、石をとりのぞいてください」

洞益《どうえき》は石をとりのぞき、煎《い》った豆を入れました。それから名貫川《なぬきがわ》のカッパはいたずらをしなくなったといいます。いま名貫川《なぬきがわ》には、石をまつったカッパ塚《づか》がたっています。

また、**カッパ**は鉄がきらいです。とくに鉄《てつ》でつくられた刃物《はもの》がきらいで、**カッパ**の出る場所にカマなどを下げておくと、出なくなります。

鉄分を多くふくんだ川の水もにがてで、川の底《そこ》に鉄《てつ》のクワがしずんでいるからどけてくれと、夜中にたのみにきた**カッパ**もいたそうです。


人間のつば、仏様《ほとけさま》、お経《きょう》、鉄《てつ》、ひょうたん（水にしずまないから）、シカの角《つの》、麻殻《おがら》など、カッパのにがてはけっこうあるよ。

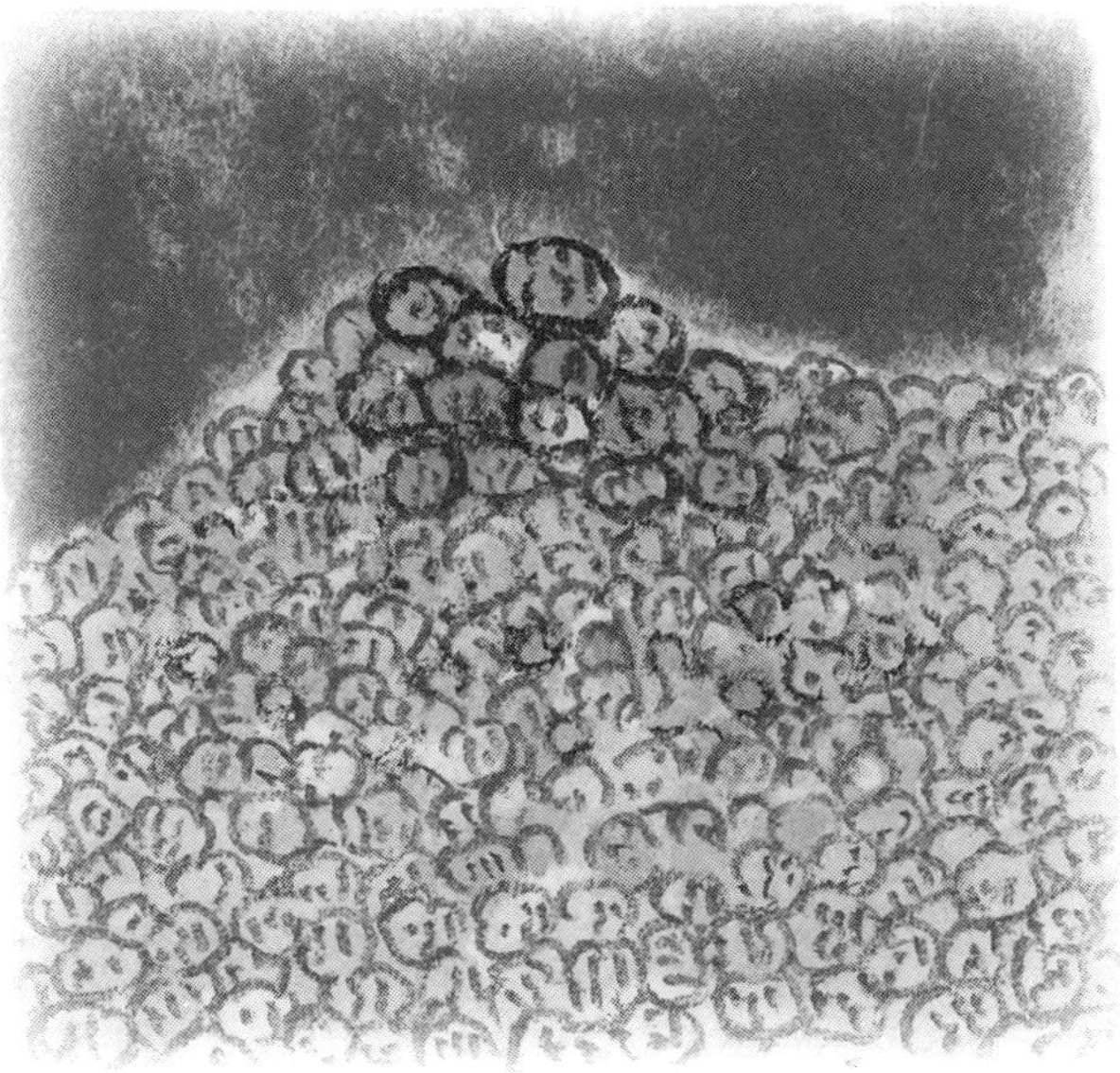

カッパフウジ

Q24 カッパのつくる薬ってなに？

岐阜県《ぎふけん》の南西部では、**カッパ**のことを**カワエロ**とか**カワワッパ**といいます。

むかし、久野治兵衛《ひさのじへえ》が川淵《ぶち》に立つと、水中からカッパが手をのばして水に引きこもうとしました。力のつよい治兵衛《じへえ》は、ぎゃくに**カッパ**を岸に引きあげ、家につれていって柱にしばりつけました。

カッパは頭をさげてたのみました。

「どうか、命ばかりはお助けください。どんな傷《きず》もなおす薬の作り方を教えますから」

こうして教えてもらったのが「**カッパ**の膏薬《こうやく》」です。なんでもアカザ、シカのつの、ネムの木の皮、ササゲ、クズの粉《こな》をまぜあわせて作るのだそうです。

この薬はいまから百年ほどまえまで、じっさいに売られていて、とくに刃物《はもの》で切った傷《きず》にはよくきいたといいます。

長野県駒ケ根《こまがね》市には、**カッパ**が教えてくれた「加減湯《かげんとう》」という、痛風《つうふう》にきく薬がありました。これは、江戸《えど》時代から大正時代まで全国に売られていました。

太田切川《おおたぎりがわ》と天竜川《てんりゅうがわ》が合流するところに「下《さが》り松《まつ》」という淵《ふち》があり、ここに**カッパ**がすんでいました。いまから二百三十年ほどまえ、秋の長雨で天竜川《てんりゅうがわ》があふれ、川すじがかわってしまい、「下《さが》り松《まつ》」の水がかれてしまったのです。

カッパはこまりはて、藩《はん》で川奉行《かわぶぎょう》をつとめる中村新六《なかむらしんろく》にたのみにきました。中村新六は、淵《ふち》から水を引く運河《うんが》をほり、たくさんの新田を作った人でした。新六が田の見回りをして帰ろうとすると、新六のウマのしっぽに**カッパ**がつかまり、屋敷《やしき》までやってきました。そして淵《ふち》に水が引けるようにしてほしいとたのんだのです。新六がうなずくと、**カッパ**はお礼に、「加減湯《かげんとう》」の作り方を教えたということです。

カッパの薬は、いちど切り落とされたうででも、くっつけるほど強力なんだって⁉

ケンモン

Q25 カッパにはなかまがいるの？

水にすんでいる妖怪《ようかい》で、**カッパ**とおなじようなことをするものがいます。

まず**カワウソ**です。**カワウソ**は淵《ふち》の底にすんで、人を水に引きこみます。海にもすんでいて、「**ウミカブロ**」とよばれます。**カブロ**は小さい子どものことですから、海の小童《こわっぱ》という意味になります。

カメや**スッポン**も**カッパ**のなかまとされます。カメはこうらを背おっていますし、スッポンはかみついたら雷《かみなり》が鳴るまではなれないといわれ、気性《きしょう》があらく、**カッパ**のするいたずらと似《に》かよっているのです。

アイヌ民族《みんぞく》の**カッパ**は「**ミンツチ**」といい、湖または川にすむ半人半獣《はんじんはんじゅう》で、魚を支配《しはい》する神でもあり、**ミンツチ**が婿入《むこい》りした家の近くの川は魚がよくとれるといいます。

奄美諸島《あまみしょとう》では、**カッパ**に似《に》た「**ケンムン**」という妖怪《ようかい》が、おもにガジュマロという木にすんでいます。

ケンムンは金物をおそれ、すもうがすき、恩返《おんがえ》しをする、人となかよしになるなど、カッパと似《に》た性質《せいしつ》があります。好物《こうぶつ》は魚の目玉で、夜、釣《つ》りにいったときなど、うっかりすると魚の目玉だけをすっかり食べられることがあります。

沖縄《おきなわ》には、「**キジムン**」あるいは「**キ**

ジムナー」、「**セイマ**」（精魔《せいま》）などとよばれる、カッパと似《に》た妖怪《ようかい》がいます。ガジュマルやアコウの古木の精《せい》で、髪《かみ》が肩《かた》まであり、全身が毛でおおわれています。

キジムンも魚やカニがすきで、しかも漁《りょう》がじょうずなので、なかよしになるとあっというまにかごいっぱい魚をとってくれるのですが、魚の片目《かため》だけは食べるのです。たいへんないたずらずきで、夜、火をともして歩いていると、その火を取ってしまいます。

原因《げんいん》のわからない火を見ると、地元の人は**キジムン**の火だといいます。また、座敷童子《ざしきわらし》とおなじように、すみついた家に富《とみ》をもたらすともいわれています。

カッパのなかまは、北は北海道から南は沖縄《おきなわ》までたくさんいるよ。カワウソやカメやスッポンもカッパのなかまらしい。

ミンツチ

Q26 テングはなぜ鼻が高いの？

「**テング**」といえば、赤い顔にぎょろ目、高い鼻、一本歯の高げたをはき、手には羽うちわ、というイメージでしょう。でも、はじめはそんなすがたではなかったのです。

「天狗《てんぐ》」という文字は、最初《さいしょ》『日本書紀《にほんしょき》』(1)に出てきます。京都の空に大流星がとび、雷《かみなり》のような大音響《だいおんきょう》がひびきました。不吉《ふきつ》なことが起きる前ぶれだと人びとが恐《おそ》れると、中国帰りの僧旻《そうみん》が、「あれは流星ではなく、中国でいう天狗《アマツギツネ》である。ほえる声が雷《かみなり》に似《に》ているだけだ」といいました。

日本では、**テング**はしだいに山の精霊《せいれい》とか、妖怪《ようかい》にかわっていきました。でも**テング**の鼻が高くなるのは、室町《むろまち》時代末期《まっき》からです。それまでは背中《せなか》に羽が生え、目は金色、タカかトビのような顔で、クチバシがとがっていたので「**カラステング**」とよばれました。

鎌倉《かまくら》時代の作とされる『天狗草紙《てんぐぞうし》』(2)という絵巻物《えまきもの》の**テング**は、すべて**カラステング**です。鳥と人間の合体動物が**テング**だったのです。

鼻の高い**テング**をはじめて描《えが》いたのは、狩野元信《かのうもとのぶ》だといわれています。元信《もとのぶ》は雄々《おお》しい**テング**を描《えが》こうとしましたが、モデルがいません。あるとき、天《てん》

1 日本書紀《にほんしょき》
奈良《なら》時代につくられた日本にのこる最古の歴史書。舎人親王《とねりしんのう》らの手で720年に完成《かんせい》。神代から持統天皇《じとうてんのう》の時代までを扱《あつか》う。

2 天狗草紙《てんぐぞうし》
鎌倉《かまくら》時代中期の絵巻物《えまきもの》。奈良《なら》の寺の僧《そう》たちがいばっているようすを、テングのすがたに描《えが》いた風刺絵巻《ふうしえまき》。

井《じょう》から一ぴきのクモが紙の上におりてきて、はい回りました。それをなぞっていくと、鼻の高い**テング**の絵ができあがりました。

しかしこれは伝説《でんせつ》で、実際《じっさい》はインドあたりから渡来《とらい》した雅楽《ががく》(3)の面がモデルだろうといわれています。とくに胡徳面《ことくめん》は鼻が高いので、**テング**のモデルになったと考えられます。この絵が描《えが》かれて以《い》来《らい》、どこの寺でも**カラステング**は鼻の高い大**テング**にかわりました。**テング**は鼻が高くなってどうなったか?

いばりちらすようになったのです。そして高い鼻は、人を引っかけて千里の遠くまでとばすための武器《ぶき》だ、という話にまでなったというわけです。

いばりちらすためだ。高い鼻にはテングのふしぎな力がこもっているんだって。

カワテング

3 雅楽《ががく》
奈良《なら》時代前後に中国や朝鮮《ちょうせん》半島からわたってきた音楽で、舞《ま》いもある。舞《ま》いで使う胡徳面《ことくめん》は目がぎょろりとして鼻が高く、テングの原型といわれる。

Q27 テングはなぜあんなかっこうしているの？

テングは山にすんでいます。山で修《しゅ》行《ぎょう》をして、超能力《ちょうのうりょく》を得《え》ようとする人を、修験者《しゅげんじゃ》とか山伏《やまぶし》とよびます。修験者《しゅげんじゃ》は、ふつうの人には想像《そうぞう》もできないきびしい修行《しゅぎょう》をつみます。このすがたが**テング**にかさなったのでしょう。

京都に、目くらましのうまい法師《ほうし》がいました。げたやぞうりをぱっとイヌの子にかえたり、ウマやウシのしりから入って口から出るなど、人をおどろかすことをしていたのです。

となりにすむ若《わか》い男がこれをうらやましく思って、「その術《じゅつ》を教えてください」と、しつこくたのみこみました。法師《ほうし》はその熱心《ねっしん》さに負けて、山につれていくことにしました。

しばらくして「これから山へつれていくが、術《じゅつ》を習おうとするなら刀をもってはならぬ」といいわたしました。しかし、若《わか》い男は法師《ほうし》の言葉をうたがい、小さい刀をよくといで、ふところにしのばせました。

夜明けに出発し、山中を歩いて午前十時ごろになったとき、小ぎれいな家に着きました。家には年老《としお》いた僧《そう》がいて、会ってくれることになりました。

すると、「おまえは、もしかしたら刀をもっているのではないか」と聞くので

す。

若《わか》い男は「いえ、もっておりません」と答えましたが、僧《そう》は、おつきの者に「そこにいる男のふところをさぐれ」と命じました。

「これはまずい。刀を発見されたら、おれは殺《ころ》されてしまうだろう」と思って、男は、おつきの者が目の前まで来たとき、刀を引きぬいて僧《そう》にとびかかりました。とたんに僧《そう》は消え、気がつくと家も消えていました。

そこは大きなお堂《どう》の中で、法師《ほうし》が「おまえは、このわしをすっかりダメにしてしまった」と、泣《な》きわめいています。

それから二、三日して法師《ほうし》は死んでしまいました。あの年老《としお》いた僧《そう》は、おそらく大**テング**だったのでしょう。


山で修行《しゅぎょう》をする修験者《しゅげんじゃ》（山伏《やまぶし》）と同じかっこうなんだよ。

コサメボウ

Q 28 テングの弱点はなに？

むかし、いらずらずきでわるいことばかりする**テング**がいて、おしょうさんにつかまって、鼻をおもいっきりつねられました。あまりの痛《いた》さに、**テング**はそれ以来《いらい》あらわれなくなったそうです。つまり、あの高い鼻が弱点なんです。

これは高野山《こうやさん》（和歌山県にある山）での話。山中の町に、檜物細工《ひものざいく》をしている男がいました。檜物細工《ひものざいく》とは、ヒノキやスギの木をうすくけずってまげ、べんとうばこや、おけなどをつくる仕事です。男が山に入って仕事をしていると、十二、三歳《さい》くらいの美しい女の子がやってきました。

「この山は女が入ってはいけないはずなのに、おかしなことだ。きっとばけものだろう」と思って、男が木づちで打とうとすると、

「打たれる前に、わたし、にげちゃうわよ。ちゃんと足があるんだから」

といいます。砥石《といし》を投げようとすると、

「ぶつけるのはきらいよ」

といいます。そうです、人の心の中を読んでいるのです。男はおそろしくなり、だまって仕事を続《つづ》けていましたが、ぐうぜん、まげた板をとめておく道具がはずれて、板が女の子の鼻をしたたかに打ちつけました。おどろいた女の子は、**テ**

1 杓子《しゃくし》
ご飯《はん》や汁《しる》ものなどをすくう道具。

ングのすがたをあらわして、山へとびさりました。

怒《おこ》った**テング**は一族を集めると、山を焼《や》きはらおうと相談しました。この話を聞いた宝亀院《ほうきいん》のおしょうが、「山の身がわりに、わしが僧《そう》をやめて**テング**となろう」と決心し、二枚《まい》の障子《しょうじ》を羽根《はね》にしてとんでいきました。僧《そう》が**テング**になるということは、魔道《まどう》に落ちるという、身をなげうつ行為《こうい》なのです。弟子《でし》の僧《そう》も、台所にいて杓子《しゃくし》⑴をもったまま、おしょうのあとを追いました。

この二人のおかげで山は焼《や》きはらわれずにすんだのですが、弟子《でし》はいつも杓子《しゃくし》をもってあらわれるので、**シャクシテング**とよばれるようになりました。

あの高い鼻が弱点らしい。あとサバもにがてらしいよ。つぎのページを読んでね。

ジュウニサマ

Q 29 テングって人をさらうの？

人がとつぜん行方不明《ゆくえふめい》になると、むかしは「**テング**にさらわれた」といっていました。ですから能登《のと》半島などでは人がいなくなると、鉦《かね》やたいこをたたきながら、「かえせー」「かえせー」と山にのぼったといいます。

ある年の冬、比叡山《ひえいざん》（1）で修行《しゅぎょう》していた十五、六歳《さい》の少年が、とつぜんすがたを消しました。七日のちにもどってきたので、くわしく話を聞くと、少年は大きな山伏《やまぶし》と出会い、「きょうはおまえのふるさとのお祭りの日だ。見にいこう」と、さそわれました。「行きたいです」と答えると、山伏《やまぶし》は**テング**にすがたを変《か》え、少年をかかえてあっというまにふるさとの神社までとびました。

木の枝《えだ》にすわって祭りを見ていると、寒くなってきました。**テング**が「火がほしいか」と聞くので、「ほしい」と答えると、**テング**はうちわをふりました。すぐ火がおきました。祭りが終わり、帰るとき**テング**はいいました。「あの火はおまえの伯父《おじ》の家を焼《や》いたものだ」

あとで聞くと、たしかに伯父《おじ》さんの家は、祭りの夜に焼《や》けていました。

それからべつの祭りにつれていかれ、「けんかをさせよう」と**テング**がうちわをあおぐと、たちまちあちこちでけんか

1 比叡山《ひえいざん》
京都府と滋賀県《しがけん》の境《さかい》にそびえる山。最澄《さいちょう》が開いた天台宗《てんだいしゅう》の総本山延暦寺《えんりゃくじ》がある。

がおこって、大さわぎになりました。

少年はそれから江戸《えど》など諸国《しょこく》をつれて歩かれ、気がつくと比叡山《ひえいざん》にもどっていて、**テング**のすがたは消えていました。

明治《めいじ》時代のはじめ、徳兵衛《とくべえ》という四十歳《さい》ほどの男が**テング**にさらわれ、東京や大阪《おおさか》を見物させられ、あるとき百四十メートルはなれた山に、一晩《ひとばん》でしめ縄《なわ》をかけて村人をおどろかせました。これは**テング**がてつだったのだとうわさされました。

テングはなぜかサバがきらいです。それで長野県松本市《まつもと》あたりでは、「サバ食った」「サバ食った」といえばテングにさらわれないといわれていました。


はい。人をさらって仕事をてつだわせたり、遠い国へつれていったりして、自分の力を見せびらかしたんじゃないかな。

テング

Q30 テングはどんないたずらをするの？

テングは、山中でさまざまなふしぎを起こします。

夜中、山で大木がたおれる音がしたので、つぎの朝いってみると、なにも起きていないことを「**テングだおし**」とか「**テングなめし**」といいます。山の中からふしぎなわらい声が聞こえることを「**テングわらい**」、どこからともなく小石がとんでくることを「**テングつぶて**」、山で数百もの火がとびかうものを「**テング火**」、山の中でタイコやフエの音がひびくことを「**テングばやし**」といっています。

山小屋をガタガタとゆさぶるのが「**テングのゆさぶり**」。なかには小屋をゆさぶったり小石を投げいれたり、木をたおす音をさせることを一度にやったテングもいました。これはすべて**テング**のすむ聖地《せいち》に人間が入りこんだためだと考えられます。

テングがすわった木や岩を「**テング松**《まつ》」「**テング杉**《すぎ》」「**テング岩**」、すもうをとったという場所が「**テングのすもう場**」です。

テングは、仏教《ぶっきょう》の教えをさまたげるものともされてきました。それでわるいことをしたお坊《ぼう》さんは、あの世に行けず**テング**になるとされました。

テングは火事がすきです。江戸《えど》で火事があったとき、よろこんでとびまわり、

あつまった人の鼻をつまんで歩きました。ウマに乗った人の鼻までつまんだといいます。

あるとき、**テング**が通る山の道に、六三郎《ろくさぶろう》という男が小屋をかけ、鳥をとる網《あみ》をはりました。夜、なべの料理《りょうり》をしていると、毛のいっぱいはえた黒いうでがニュッと出てきて、なべをとろうとしました。なべのとりあいになり、六三郎《ろくさぶろう》が勝ったのですが、おこった**テング**は小屋をおしつぶしてしまいました。

テングのいたずらずきはかなりのもの。山でふしぎなことがおこったら、テングのしわざだと思えばまちがいない!?

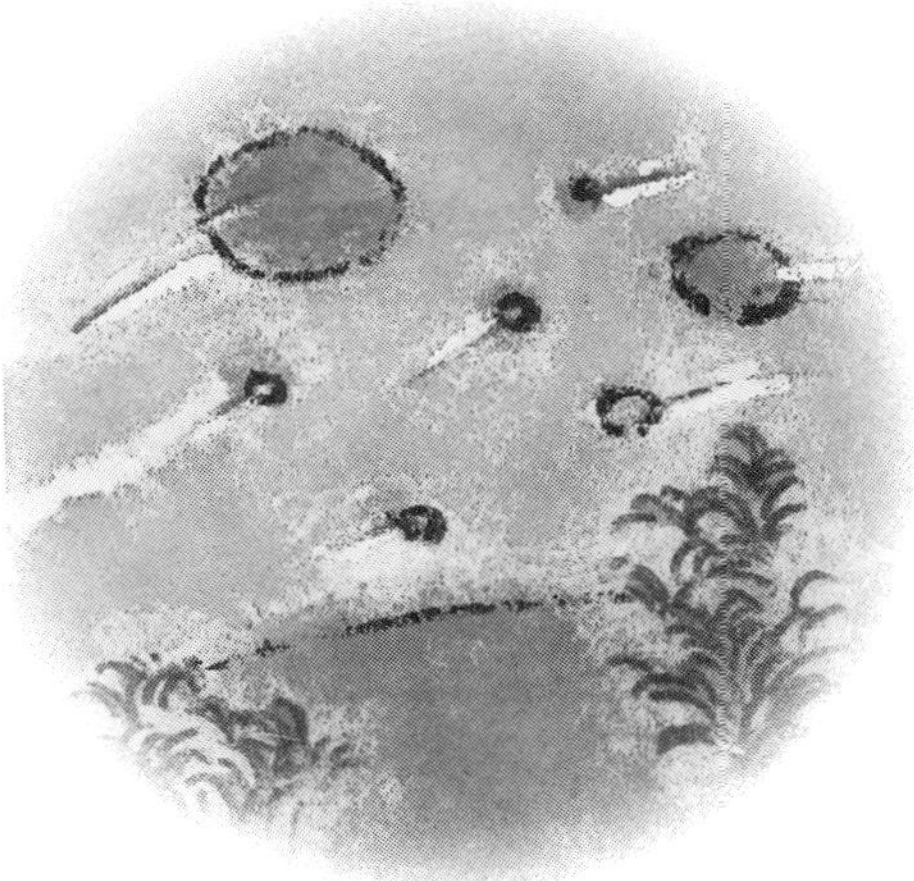

テングツブテ

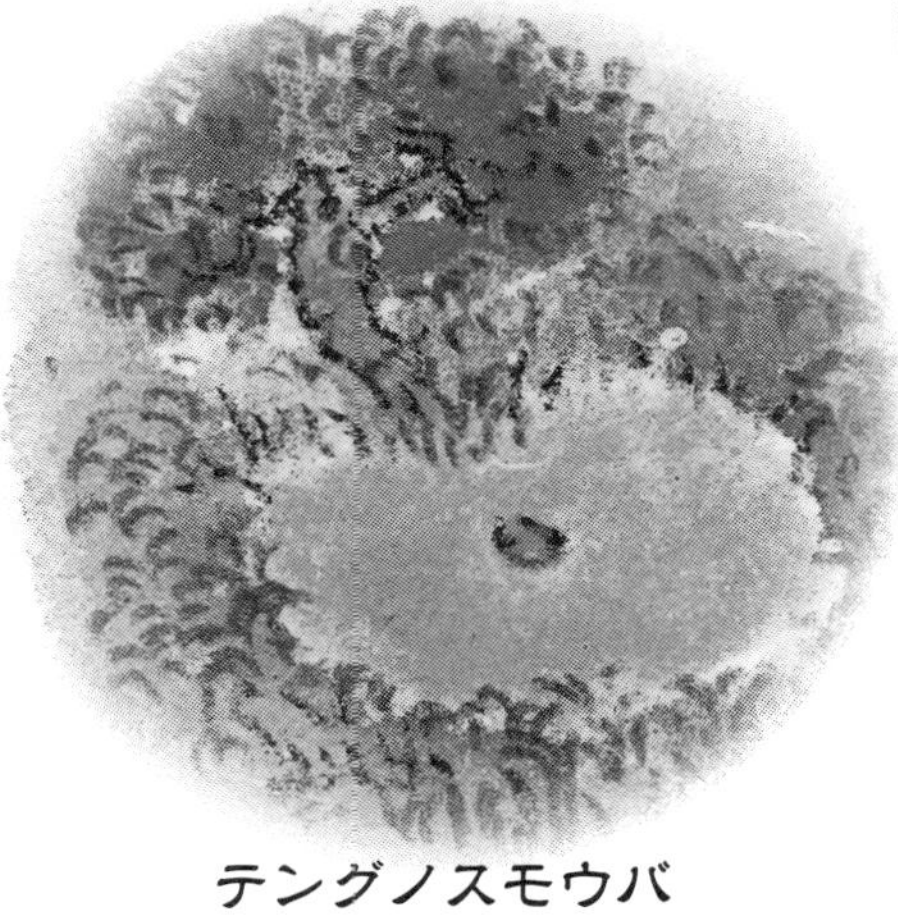

テングノスモウバ

Q 31 テングのすんでいる山はどこ？

山は、むかしから日本人にとって神聖《しんせい》な場所とされてきました。とくに山できびしい修行《しゅぎょう》をする修験者《しゅげんじゃ》（山伏《やまぶし》）にとってはたいせつな場所です。

テングも山奥《やまおく》にすんでいますが、妖怪《ようかい》としては、人とふれあわないことには自分がいることを知ってはもらえません。ですから、山に魚などをもちこまれることをいやがって、ひどい仕返しはしますが、けっこう人がやってくるような場所に出てきます。そして、力をしめし、人間におそれられ、うやまわれることによろこびを感じているようです。

しかも千年におよぶ**テング**の歴史《れきし》では、力があるとされた**テング**もいつのまにか勢力《せいりょく》がおとろえたり、人気がなくなったりしていきます。「**テング**の山移《やまうつ》り」（引っこし）もあります。

テングのなかでも有名な相模《さがみ》（神奈川《かながわ》県《けん》）大山《おおやま》の相模坊《さがみぼう》が、讃岐《さぬき》（香川県《かがわけん》）大《おお》山《やま》に移《うつ》り、そのあとに伯耆《ほうき》（鳥取県《とっとりけん》）の大山《だいせん》（伯耆富士《ほうきふじ》）にやってきました。東京郊外《こうがい》にある高尾山《たかおさん》がまつる**テング**は飯縄権現《いづなごんげん》ですが、これは信州《しんしゅう》（長野県）の飯縄権現《いづなごんげん》がとんできたときのすがたをうつしてまつったものとされます。

テングのなかでも愛宕山《あたごやま》の太郎坊《たろうぼう》、比《ひ》叡山《えいざん》の次郎坊《じろうぼう》、鞍馬山《くらまやま》の僧正坊《そうじょうぼう》、信州戸《しんしゅうと》

隠《がくし》の飯縄三郎《いづなさぶろう》、大山《だいせん》の伯耆坊《ほうきぼう》、彦山《ひこさん》の豊前坊《ぶぜんぼう》、大峰山《おおみねさん》の前鬼坊《ぜんきぼう》、白峰山《しろみねさん》の相模坊《さがみぼう》を八大**テング**といい、とくに力があるとされてきました。

三重県のお寺のお地蔵《じぞう》さんの胎内《たいない》から、「天狗揃《てんぐそろ》へ」という絵本が出てきました。いまから四百年ほどまえの江戸《えど》時代はじめに作られた絵本で、三十の**テング**がのっています。ですから、江戸時代はじめにはいま知られている**テング**がほとんどそろっていたことになります。

北海道をのぞいて、ほとんどの山にテングがいるよ。でも、テングも引っこしをするらしい。

愛宕山《あたごやま》の太郎坊《たろうぼう》

信濃《しなの》の飯綱三郎《いづなさぶろう》

駿河《するが》の国の富士太郎《ふじたろう》

鞍馬山《くらまやま》の僧正坊《そうじょうぼう》

『天狗揃《てんぐそろ》へ』より

Q32 オニには、なんでつのがあるの？

オニは、中国の「隠《おん》」という言葉から変化したよび名だといわれています。ですから「隠《かく》れる」という意味があり、もともとは死んだ人の魂《たましい》のことなのです。

　この世に未練《みれん》を残《のこ》して死んだ人が、すがたを見せずにこの世でわるさをすることを、中国では「隠《おん》」といっていたのです。未練《みれん》を残《のこ》すというのは、早く亡《な》くなったり、うらみをもって亡《な》くなったり、子《し》孫《そん》にまつってもらえなかったりして、あの世に行けず、そこで**オニ**となってわるさをするというわけです。

　それが日本に入ってきて、死んだものがなにかすることを「鬼《おに》」というようになったのです。でも、日本では**オニ**はすがたの見えるものとなりました。

　平安時代に書かれた『今昔《こんじゃく》物語』には、**オニ**は「顔は朱色《しゅいろ》で、丸い座布団《ざぶとん》ほども広い。目は一つ、身長三メートル、手の指は三本で爪《つめ》は十五センチ、刀のように切れる。体色は緑青《ろくしょう》、目は琥珀《こはく》に似《に》ていて、髪《かみ》の毛はヨモギの葉のようにみだれている。会えば身の毛がよだつような恐怖《きょうふ》をおぼえる」と、書かれています。鎌倉《かまくら》時代になると、**オニ**の体は赤色と黒色にかわります。

　地獄《じごく》にもいます。地獄《じごく》の**オニ**は、火車《かしゃ》で死者をむかえにきます。ツノとトラの皮

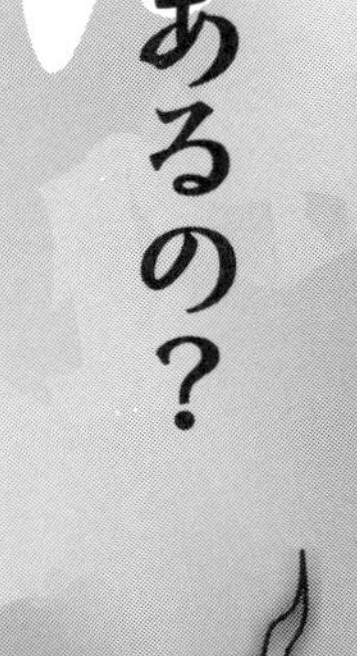

のふんどしは、地獄《じごく》の**オニ**のトレードマークです。日本にトラはいないので、中国や朝鮮《ちょうせん》半島からの輸入《ゆにゅう》です。陰陽道《おんみょうどう》では東北の方角を鬼門《きもん》といって、おそろしいものがやってくる方角とされています。これを十二支《じゅうにし》にあてはめると、丑寅《うしとら》の方向です。ですから、**オニ**にはウシのようなツノがあり、トラのような顔をしていたり、トラの皮のふんどしやパンツをつけていたりするのです。江戸《えど》時代には、ウシとトラの合体動物が**オニ**として描《えが》かれていました。

おそろしいものがやってくるのが丑寅《うしとら》の方角だから、オニにはウシのような角があるんだ。

オニ

Q33 オニも化《ば》けるの？

オニはいろいろなものに変身《へんしん》しますし、すがたを見せないでわるさをすることもあります。

ある夜、二人の侍《さむらい》が宿直《とのい》をしていました。夜がふけてふと気がつくと、屋根から板がつきでてきたのです。

「これはおかしい」

侍《さむらい》は刀をかまえました。板は部屋に入りこむと、ひらひらと、とんで二人のほうにきたのです。切ろうとすると、板は部屋のすきまから出て、奥《おく》でねていた侍《さむらい》の部屋にしのびこみました。まもなくモノにおしつぶされるような人のうめき声が聞こえました。二人の侍《さむらい》が灯《あかり》をもってその部屋に入ると、ねていた侍《さむらい》はまっ平らにおしつぶされて死んでいました。

「これはオニのしわざだ」

二人の侍《さむらい》は、全身がふるえるのを止めることができませんでした。

オニは美女に化《ば》けることもあります。平安時代、ある武士《ぶし》がウマに乗って橋を渡《わた》っていました。すると橋の欄干《らんかん》に薄《うす》い色の衣《ころも》をなびかせ、紅《くれない》の袴《はかま》をはいた二十歳《はたち》くらいの美女がいます。

「こんな夜中に若《わか》い女とは。あれはきっとオニにちがいない」

武士《ぶし》はいきなりウマにムチをいれて走らせました。すると美女はおそろしい

オニのすがたになって追いかけてきます。武士はなんとかにげたのですが、**オニ**は「おまえをきっと殺《ころ》してやる」とさけびました。その言葉どおり、**オニ**は武士《ぶし》の弟に化《ば》けて家に入りこみ、武士《ぶし》の首を切ったということです。

また、鍛冶屋《かじや》の婿《むこ》になり、一晩《ひとばん》に千本もの刀を打った男も、じつは**オニ**だったのです。正体がばれると、刀をかかえてにげだしたので、「一本くらい置いていけ！」というと、爪《つめ》で「鬼神大王波平行《きじんだいおうなみひらこう》安《あん》」と刻《きざ》んで、投げてよこしました。

いろんなものに化《ば》けるよ。木の板、美男美女、ときにはすがたを消してやってくる。

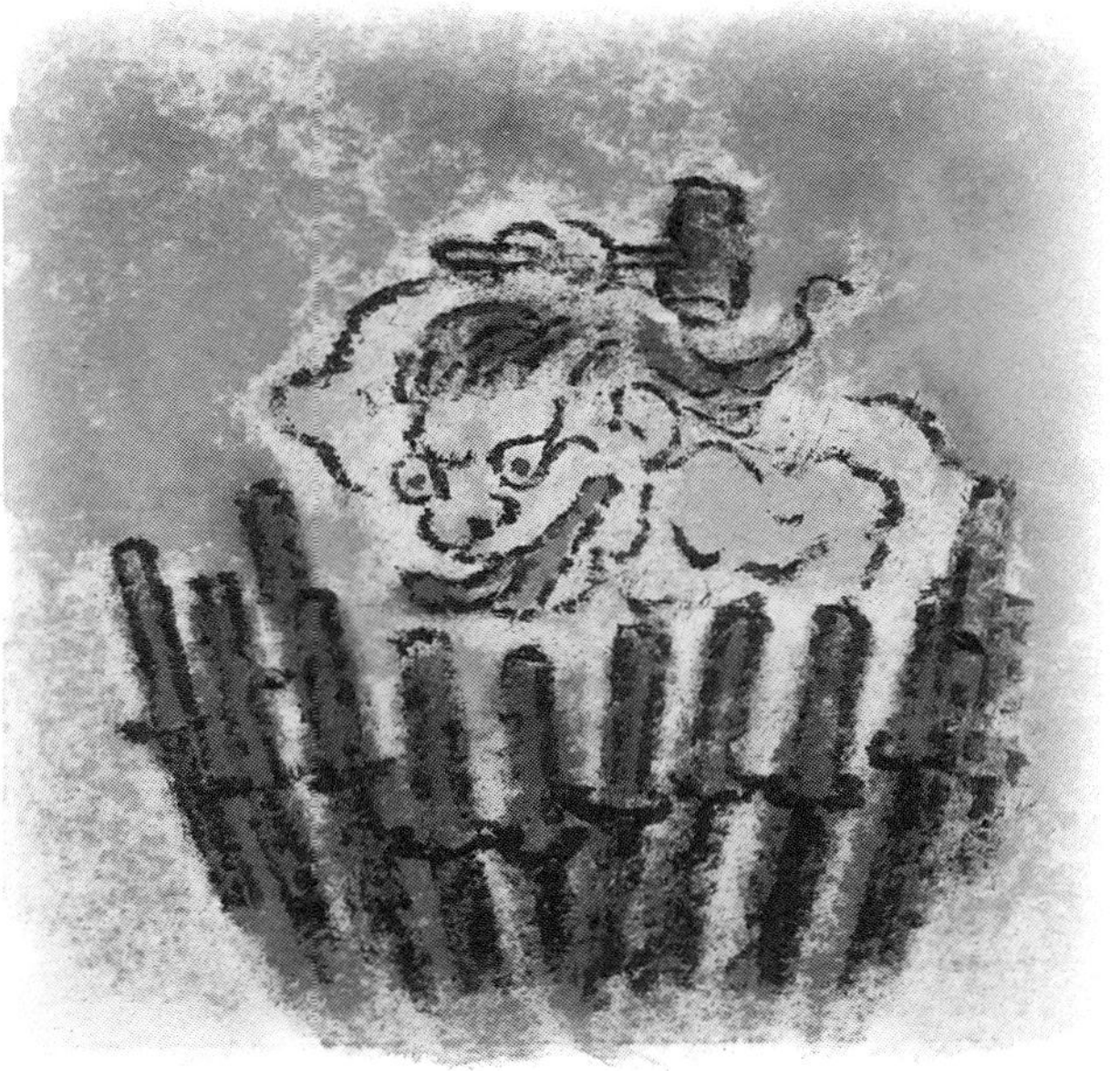

カジヤオニ

Q 34 オニって人を食べるの？

「オニ一口《ひとくち》」といいます。**オニ**はたった一口で人を食べてしまうという意味で、それほどおそれられてきたわけです。

むかし、東の国から京都に出てきた人たちがいました。泊《と》まる場所がないので、町はずれの空き家で一晩《ひとばん》をすごすことにしました。

夜中になると、部屋のすみにある両開きの戸がいきなりあいて、なにものともわからない両手が出てきて妻《つま》をつかまえると、バタンと戸をとじました。あとは押《お》してても引いても戸は開きません。夫《おっと》はおどろき、近所中をかけまわってオノを借《か》りると、戸を打ちやぶりました。そして、妻《つま》が竿《さお》にシーツのようにかけられているすがたを見ました。人びとは、「妻《つま》は**オニ**にすい殺《ころ》されたのだ」といいました。その人たちは、その家が**オニ**の館《やかた》だということを知らなかったのです。

平安時代、天皇《てんのう》のすむ大内裏《だいだいり》はぐるりと塀《へい》にかこまれていました。その西南のはしに武徳殿《ぶとくでん》があります。

ある夜、三人の美しい女の人たちが武《ぶ》徳殿《とくでん》のそばの松原《まつばら》を歩いていると、木のかげから美しい男が出てきて、一人の女の人に話しかけました。残《のこ》った二人はすこしはなれた場所で待っていたのです

1 在原業平《ありわらのなりひら》
平安時代初期《しょき》の歌人で皇子《おうじ》。歌物語『伊勢《いせ》物語』の主人公とされる。

が、やがて話し声がとだえました。ふしぎに思って行ってみると、女の人の手足だけがころがっていました。警戒《けいかい》の厳《げん》重《じゅう》な大内裏《だいだいり》で起こったこの事件《じけん》は、**オニ**が男に化《ば》けて女の人を食べたのだとうわさされたのです。

在原業平《ありわらのなりひら》（1）といえば、平安時代の「もてる男」として有名でした。あるとき、自分のすきな女の人を屋敷《やしき》からさそいだし、町はずれのあばら屋につれていきました。するととつぜんすごい雷《かみなり》です。業《なり》平《ひら》は女の人を部屋の奥《おく》にかくしました。

雷《かみなり》が去ってふりむくと、女の人は首と衣類《いるい》だけを残《のこ》してすがたを消していました。これも**オニ**に食べられのだとうわさされたのです。

一口で食べて手と足だけ残《のこ》してあったり、すい殺《ころ》して服だけ残《のこ》っていたりするんだ。

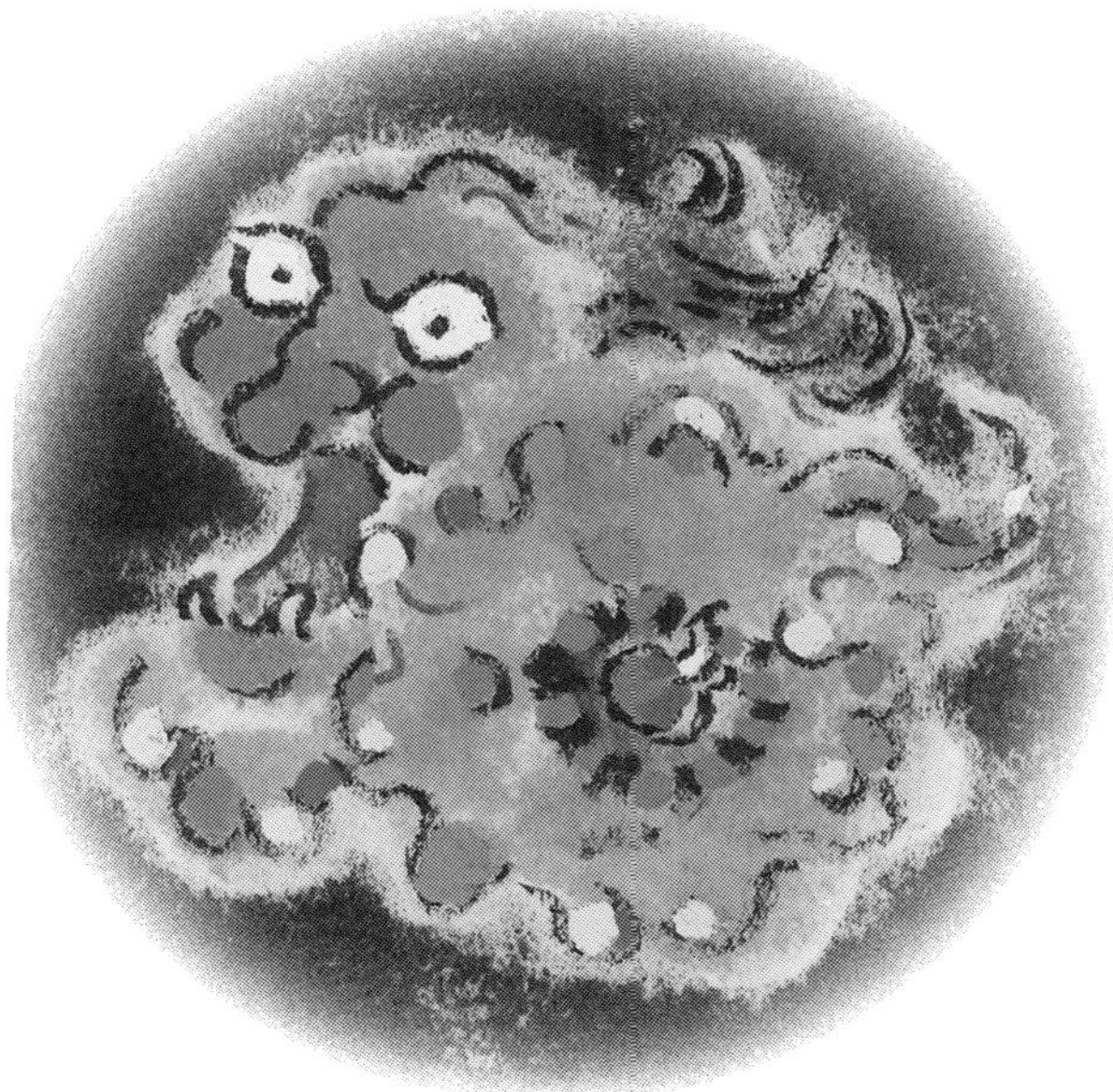

カシャ

Q35 鬼《おに》ケ《が》島《しま》ってどこにあるの？

モモタロウに退治《たいじ》された**オニ**たちは、どこにいたかはっきりはわかりませんが、「これが鬼ケ島《おにがしま》だ」という場所がいくつかあります。

愛知県犬山市《あいちけんいぬやまし》には「桃太郎《ももたろう》神社」があり、近くの川の上流にある中の島が、鬼《おに》ケ島《がしま》だといわれています。この神社は、山のふもとにあった「子供神《こどもがみ》」という小さい祠《ほこら》を移《うつ》して、桃太郎《ももたろう》神社としたのです。付近《ふきん》には、大桃《だいとう》、猿渡《さるわたり》、雉ケ峯《きじがみね》、犬《いぬ》石《いし》などの地名があります。

香川県高松市《かがわけんたかまつし》の沖《おき》あいに、女木島《めぎしま》があります。島には**オニ**の岩屋とよばれる大どうくつがあります。人工のどうくつで、中がいくつもの部屋に分かれているので、海賊《かいぞく》のかくれがだったろうといわれています。ここにすむ**オニ**を退治《たいじ》したのが、モモタロウといわれる稚武彦命《わかたけひこのみこと》（1）で、イヌ（備前岡山《びぜんおかやま》の住人）、サル（讃岐猿王《さぬきさるおう》の住人）、キジ（讃岐雉ケ谷《さぬききじがたに》の住人）を引きつれていたといいます。高松市鬼無町《たかまつしきなしちょう》は稚《わか》武彦命《たけひこのみこと》が生まれた地で、町の名まえはオニ退治《たいじ》をしたので「鬼《おに》がいない（無《な》し）」、という意味です。また近くの本津川《ほんづがわ》が、モモが流れてきた川だとされています。

岡山県《おかやまけん》も桃太郎伝説《ももたろうでんせつ》の地として有名で、岡山《おかやま》駅前にはモモタロウ、サル、イヌ、キジの銅像《どうぞう》がたっています。

1 稚武彦命《わかたけひこのみこと》
孝霊天皇《こうれいてんのう》（第７代天皇《てんのう》とされる）の子で、武勇《ぶゆう》にすぐれていた。

2 ウラ（温羅《うら》）
ウラが築《きず》いたとされる鬼ノ城《きのじょう》は現在《げんざい》も石垣《いしがき》、水門などが残《のこ》っている。ウラはじつは百済《くだら》の王子だったという説《せつ》もある。

岡山県総社市《おかやまけんそうじゃし》には「鬼ノ城《きのじょう》」という山城《やまじろ》があります。二千年もむかしに、この城《しろ》は**ウラ**（2）という**オニ**が造《つく》りました。**ウラ**は身長四メートルあまりでおそろしい顔をしていました。**ウラ**は瀬戸内海《せとないかい》を通る船をおそったり、近くの村の食料《しょくりょう》をうばったりしていたので、都から吉備津彦《きびつひこ》（3）が数万の兵《へい》をひきいて退治《たいじ》にやってきました。この吉備津彦《きびつひこ》がモモタロウです。

しかし、石垣《いしがき》で囲《かこ》われた鬼ノ城《きのじょう》をせめおとすのはかんたんではありません。ついに大将同士《たいしょうどうし》が矢を打ちあい、吉備津彦《きびつひこ》が勝って**ウラ**はつかまってしまいました。**ウラ**の首は、くしにさされて道にさらされました。それでもほえ続けたので、土中ふかくうめました。

鬼ヶ島《おにがしま》はいくつかあって、モモタロウも何人かいるようだ。この話は室町《むろまち》時代にできて、江戸《えど》時代から明治《めいじ》時代に全国に広がったんだ。

テアライオニ

3　吉備津彦《きびつひこ》

崇神天皇《すじんてんのう》（日本書紀《にほんしょき》では第 10 代の天皇《てんのう》）のときの四道将軍《しどうしょうぐん》の一人。稚《わか》武彦命《たけひこのみこと》たちと山陽《さんよう》（岡山県《おかやまけん》）の吉備《きび》地方を征服《せいふく》した。

Q 36 オニになった人っているの？

長野県の戸隠山《とがくしやま》のふもとに、**モミジ**という美しい女の人がすみつきました。**モミジ**は、京の都《みやこ》で帝《みかど》にかわいがられていたのですが、帝《みかど》のおくさんをのろい殺《ころ》そうとしたことがわかり、都《みやこ》を追いだされたのです。**モミジ**はふしぎな術《じゅつ》をつかい、村人の病気をなおしたりして、人気者になりました。でも、**モミジ**はどうしても都《みやこ》での、はなやかな生活がわすれられなかったのです。都《みやこ》へ帰るにはお金がいります。**モミジ**は、あらくれ男たちを集め、旅人をおそって殺《ころ》しては、お金をうばうようになりました。

「**モミジ**は鬼女《きじょ》になった」

村人はそういっておそれ、都《みやこ》にうったえでました。帝《みかど》は、武力《ぶりょく》のほまれ高い平維茂《たいらのこれもち》を**モミジ**退治《たいじ》につかわしました。**モミジ**は火をふき、川の水をふやしたりして戦《たたか》いました。

しかし長い戦《たたか》いの末、維茂軍《これもちぐん》は観音様《かんのんさま》の力を借《か》りて、どうにか**モミジ**を退治《たいじ》しました。このとき**モミジ**は三十三歳《さい》だったといいます。

ハンニャは女の**オニ**です。けれどももともとは、仏教《ぶっきょう》で最高《さいこう》の知恵《ちえ》をあらわす言葉です。それがなぜ鬼女《きじょ》になったのでしょうか。『源氏物語《げんじものがたり》』（1）で、光源氏《ひかるげんじ》の恋人《こいびと》だった六条御息所《ろくじょうのみやすどころ》は、源氏《げんじ》が会い

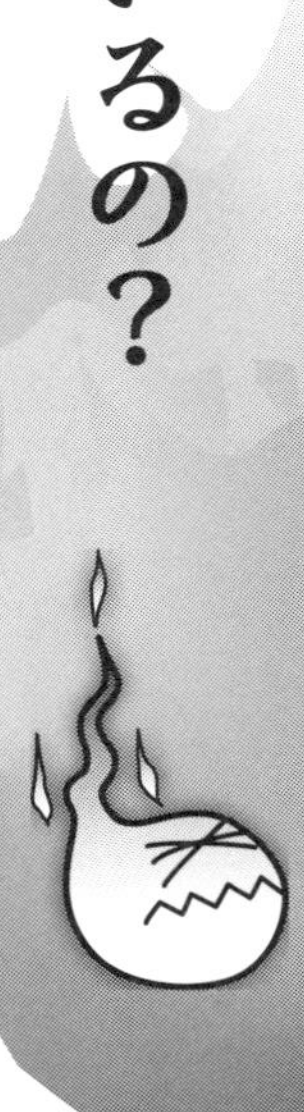

---

1 源氏《げんじ》物語
紫式部《むらさきしきぶ》が平安時代に書いた物語。
美男子の光源氏《ひかるげんじ》が主人公。

にきてくれなくなったので、源氏《げんじ》の妻《つま》の葵《あおい》の上《うえ》をのろうようになりました。そののろいがあまりに強かったため、御息《みやす》所《どころ》は生きたまま怨霊《おんりょう》になって、葵《あおい》の上《うえ》にとりつくようになりました。えらい僧《そう》がいくらいのっても、医者が手をほどこしても消えません。そこで密教《みっきょう》の僧《そう》に秘密《ひみつ》の呪文《じゅもん》をとなえさせると、

「おそろしい般若声《はんにゃごえ》だ。もうわたしは消えるしかない」

と、さけんですがたを消しました。

この怨霊《おんりょう》の顔をお面にしたのが、二本のツノをもち、口が耳までさけた**ハンニャ**なのです。ですから**ハンニャ**は人をねたむ心、苦しみ、怒《いか》りを象徴《しょうちょう》したおそろしい顔になっているのです。

キジョモミジ

オニになるのは女の人が多いみたいだ。ハンニャも女のオニだよ。

Q37 オニ退治《たいじ》をした人は？

いまから千年以上《いじょう》もむかし、都の北西にある大江山《おおえやま》に**シュテンドウジ**（酒呑《しゅてん》童子《どうじ》）という**オニ**がすみつき、たくさんの手下をひきいて、都《みやこ》から若君《わかぎみ》や姫君《ひめぎみ》をさらっては食べたりしていました。

そこで帝《みかど》は、源頼光《みなもとのよりみつ》と藤原保昌《ふじわらやすまさ》に**オニ**退治《たいじ》を命じました。ふたりは武力《ぶりょく》にすぐれ、当時四天王《してんのう》といわれた碓井貞光《うすいさだみつ》、卜部季武《うらべすえたけ》、坂田公時《さかたのきんとき》（金太郎）、渡辺綱《わたなべのつな》をなかまに大江山《おおえやま》に向かいました。

とちゅう、神の化身《けしん》である老人《ろうじん》、山伏《やまぶし》、若僧《わかぞう》から、「神便鬼毒酒《じんべんきどくしゅ》」と兜《かぶと》をもらい、山伏《やまぶし》にすがたをかえて大江山《おおえやま》に入りました。

「わたしたちは羽黒山《はぐろやま》の山伏《やまぶし》です。山で道にまよいました」

といって鉄の城《しろ》の中に入り、奥《おく》に進むと、色の赤い、ひときわ大きな**オニ**がいました。それが**シュテンドウジ**です。

頼光《よりみつ》たちは、神便鬼毒酒《じんべんきどくしゅ》を**オニ**たちにさかんにすすめました。この酒を飲むと**オニ**は体がしびれてしまうのです。

やがて**オニ**たちはねむりこみ、**シュテンドウジ**は奥《おく》にさがりました。

「いまこそ」

と六人は力をあわせてシュテンドウジの首を切ると、首がとんで、頼光《よりみつ》の兜《かぶと》にかみつきましたが、歯がたちませんでした。

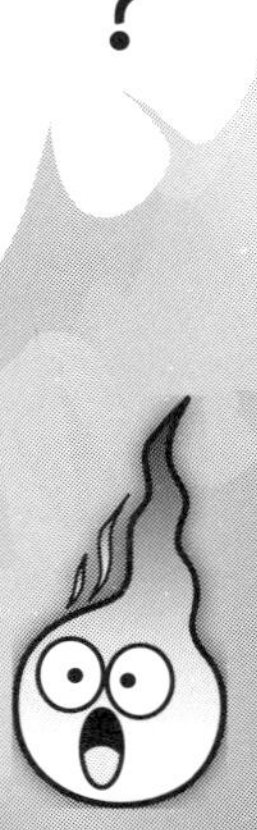

一の手下の**イバラギドウジ**（茨木童子《いばらぎどうじ》）は、美女に化《ば》けて渡辺綱《わたなべのつな》をおそいました。大江山《おおえやま》での**オニ**退治《たいじ》のまえのことです。綱《つな》は、髭切《ひげきり》という名刀で童子《どうじ》の右うでを切り落としました。

綱《つな》は、七日間だれにも会わずに家にとじこもっていましたが、伯母《おば》がやってきたので、しかたなく家に入れました。すると伯母《おば》は**オニ**のうでを見たとたん、

「これはわしのものじゃ」

と、うでをつかんで窓《まど》からとびだしたのです。

シュテンドウジたちは**オニ**とされていますが、じつは帝《みかど》の権力《けんりょく》にしたがわないものたちで、じゃまものだったから退治《たいじ》されたとも考えられます。

退治《たいじ》されたオニたちは、ほんとうは権力《けんりょく》者《しゃ》にさからったものたちかもしれないね。

ガゴゼ

Q38 オニはなぜ豆がきらいなの？

立春《りっしゅん》の前日は節分《せつぶん》です（現在《げんざい》では二月三日）。多くの寺院《じいん》や家庭で「豆まき」が行われます。

ふつうは「**オニ**は外、福は内」ととなえながら、煎《い》った豆をまきます。冬が終わり春をむかえるにあたって、これまでの災《わざわ》いをはらうのが目的《もくてき》です。

これは、中国からつたわった「追儺《ついな》」という**オニ**はらいの行事で、日本では平安時代から宮中行事として行われていました。それが全国にひろまっていきました。

オニを退散《たいさん》させるには、大きな音をたて、小石や五穀《ごこく》（コメ、ムギ、アワ、ヒエ、豆）を投げつけていました。穀物《こくもつ》には霊《れい》がやどるので、わるいものを追いはらうために五穀《ごこく》をまくことは、古くから行われていたのです。そのなかでも、しだいに小石に似《に》た大豆《だいず》が多くつかわれるようになっていきました。

寺院《じいん》で豆をまく人を年男《としおとこ》といいます。年男で厄年《やくどし》にあたる人が、豆をまいて厄《やく》をはらうわけです。いまは、厄年《やくどし》ではなくても年男がまくようになりました。

まかれた豆は、自分の年の数、あるいはそれに一つ加《くわ》えた数だけ食べます。一つ加《くわ》えるのは、節分《せつぶん》で年があらたまって一つ年を加《くわ》える、という意味があるのです。

ところが、「福は内、**オニ**も内」と、となえるところがあります。それも、吉《よし》野《の》の蔵王堂《ざおうどう》や福知山三田《ふくちやまさんだ》など何カ所もあるのです。滋賀県大津市《しがけんおおつし》にある近江神宮《おうみじんぐう》も「福は内、**オニ**も内」ととなえます。

神宮《じんぐう》の考えでは、豆を打ちつけられた**オニ**は行くところがないだろう。それではあまりにかわいそうだ、だから近江神《おうみじん》宮《ぐう》にきて心をいやし、いままでのわるさをくいあらためてから、まえの場所にもどりなさい、ということだそうです。

なんとやさしい心づくしでしょう。

豆には穀物《こくもつ》の霊《れい》がやどっていて、わるいものを追いはらうからだよ。

ウシオニ

いいオニっているの？

オニのようだけれど、じつは神の使いなのが、秋田県男鹿《おが》半島の「なまはげ」です。なまはげは、赤や青の鬼面《おにめん》に、片手《かたて》には銀の紙をはった出刃包《でばぼう》丁《ちょう》、もう一方の手には手桶《ておけ》や御幣《ごへい》（細く切った紙を木の枝《えだ》などにつけたもの）をもち、海草で作ったミノを着、ワラぐつをはいて家々《いえいえ》をたずねます。

「なまけものはいないかあ」、「親のいうことをきかない子はいないかあ」などといいながら、顔を近づけてくるので、泣《な》きだす子どももいます。

しかし家の主人は、正装《せいそう》してなまはげを迎《むか》え、お酒や食事をさしだします。これで、なまはげはわるい**オニ**ではなく、神の使いであることがわかります。

三河《みかわ》の花祭《はなまつ》りは、天竜川《てんりゅうがわ》の支流《しりゅう》にそった長野県、愛知県《あいちけん》、静岡県《しずおかけん》で行われる農村の行事です。霜月《しもつき》（11 月）神楽《かぐら》とよばれ、700 年以上うけつがれてきた冬の祭りで、夜からつぎの朝までおどりあかすのです。東の空がすこし明るくなったころ、全身を赤い布《ぬの》でつつみ、赤いたすきをかけ、赤い**オニ**の面をつけた榊鬼《さかきおに》が出てきます。そして大地をふみしめ、わるい霊《れい》をおさえ、つぎの年がよい年になるようにといのります。

古い暦《こよみ》で 11 月といえば現在《げんざい》の 12 月です。太陽も自然《しぜん》もおとろえ、人の魂《たましい》もおとろえます。そこで強い魂《たましい》をよびこむために、榊鬼《さかきおに》は登場するのです。気がおとろえた人をよみがえらせる、それが**オニ**の役《やく》割《わり》でもあるのです。

サカキオニ

3章　いろんな妖《よう》怪《かい》がいるんだね

39 妖怪《ようかい》の親分っているの？

　りっぱな駕籠《かご》からおりてきた小男。はでな羽織袴《はおりはかま》に、短い刀をさしています。頭にはほとんど毛がなく、ひどいたれ目で、わずか四頭身。これが妖怪《ようかい》の親分、元締《もとじ》めとよばれる**ヌラリヒョン**です。

　刀をさしているといっても武士《ぶし》ではなく、金持ちのだんなというところでしょう。個性《こせい》豊かな妖怪《ようかい》たちをまとめているのですから、そうとうな人物（？）であろうと思われますが、じつは、どんな妖《よう》怪《かい》か、はっきりとわからないのです。

　夕ぐれのいそがしいときなどに、大きな店先にふっと、あらわれます。主人がいないときをねらって、主人の部屋に入りこみます。店の人は、「ああ、なにか用があって、だんなさまに会いにきたのだな」と思って、お茶を出します。すると、ゆうゆうとお茶をのみ、たばこをすうなどしています。

　ふと気がつくと、もうすがたはありません。主人が帰ってきたので、このことを話すと、だれとも会う約束《やくそく》などしていなかった、というのです。

　ヌラリヒョンは、このように人の心のすきま（1）にふと登場する妖怪《ようかい》なのです。

　ところが、瀬戸内海《せとないかい》にも**ヌラリヒョン**という名の妖怪《ようかい》が出ます。こちらは

1 人の心のすきま

泉鏡花《いずみきょうか》の妖怪《ようかい》小説『草迷宮《くさめいきゅう》』に出てくる怪《かい》物《ぶつ》・秋谷悪左衛門《あきやあくざえもん》は、人がまたたく間を住み家としているという。ヌラリヒョンのすみ家は人の心のすきまかもしれない。

人間の頭ほどの大きさしかなく、まっ黒で、つかまえようとすると海にもぐり、またひょいと頭を出しては、人をからかいます。べつにわるいことをすることもなく、とぼけています。この味こそ、**ヌラリヒョン**なのでしょう。

江戸《えど》時代には**ヌラリヒョン**を「**ヌウリヒョン**」と書いている本もあります。

ふっとあらわれる謎《なぞ》の妖怪《ようかい》ヌラリヒョンが、妖怪《ようかい》の親分といわれているよ。

ヌラリヒョン

Q40 美人の妖怪《ようかい》っているの?

四国山地の東側《ひがしがわ》にでる**ヤマジョロウ**は、平安時代の貴族《きぞく》の女性《じょせい》とおなじ十二単衣《ひとえ》を着て、金のおうぎをもっている、美人妖怪《ようかい》です。ただし、すがたを見せるだけで、話をしたという人はいません。

福岡県《ふくおかけん》にいる**カワヒメ**もすばらしい美人で、村はずれの水車小屋(1)にあらわれます。水面をさらさらと歩いたり、橋の下までくると、えいっとばかり欄干《らんかん》にとびあがったりします。

あるとき、若者《わかもの》が仕事をさぼって集まり、女のうわさ話などをしていると、

「**カワヒメ**だ。顔をあげるな」

と、ひとりの若者《わかもの》が小声でいいました。

このとき**カワヒメ**を見て、すこしでも美しさに心を動かされると、生気をぬかれ、ふぬけになってしまうからです。

青森県にいる**ヤマオンナ**(2)の肌《はだ》はあくまで白く、はだかで、長い髪《かみ》を滝《たき》つぼにたらしてあらっています。背《せ》の高さは一・八メートルほど。ただし、妖怪《ようかい》ですからのぞき見でもしようものなら、すごい復讐《ふくしゅう》が待っているのです。

山で道にまよった男三人が、はるか下の滝《たき》にいる**ヤマオンナ**を見ました。そんな遠くから見られても**ヤマオンナ**は気づき、キッと男たちをにらむと、水をはね上げました。

1 水車小屋

ヨーロッパやアメリカでも、水車小屋が舞台《ぶたい》のふしぎ話《ばなし》が多く残《のこ》されている。たとえば水車小屋のもち主の妻《つま》がバケネコだったというような話がある。

2 ヤマオンナ

『遠野物語』(柳田国男《やなぎたくにお》)にでてくるヤマオンナは岩の上にいた。猟師《りょうし》が鉄砲《てっぽう》で打ち、長い黒髪《くろかみ》を切ると、大きなヤマオトコがその髪《かみ》をとり返しにきた。

まるで大雨が足元から降《ふ》ってくるように、あたりには雲がたちこめ、大風が吹《ふ》いてきました。男たちは必死《ひっし》に、にげました。道は足元しか見えず、一歩まちがったら谷底に落ちて命はありません。それでも三十分ほどで風はぴたりとやんだといいますから、**ヤマオンナ**はのぞきみされたぐらいで命までとるつもりはなかったようです。

いるよ！　でも、とびきり美しい妖怪《ようかい》を見たり、会ったりした男の人は、ぶじではすまないようだからご用心！

カワヒメ

Q41 食いしんぼうの妖怪《ようかい》っている？

ツルベオトシという妖怪《ようかい》がいます。

釣瓶《つるべ》とは、井戸水をくみ上げるための桶《おけ》です。この妖怪《ようかい》は、夕方になると田んぼの中の一本松《まつ》から下りてきて、通行人を引き上げて食べてしまいます。食べるのは体だけで、残《のこ》した首は地面にドスンと落とします。一人食べると満腹《まんぷく》になるのですが、また二、三日すると下りてくるので、そうとうな食いしんぼうです。

アイヌ民族《みんぞく》の**イペカリオヤシ**は、いつもおなかをすかせています。山でべんとうを食べていると、背中《せなか》から手をのばして「食べものをおくれ」とねだります。いくらやっても満足《まんぞく》しないので、最後《さいご》に焼《や》いた石を手に乗せると、「ないなら、ないといってください！」といって、山ににげかえりました。

フタクチオンナ（1）は、頭のうしろにもう一つ、口があります。ふだんはかくしているのですが、家の人の留守《るす》に、こっそり俵一俵《たわらいっぴょう》分のコメをたき、おにぎりをつくって、頭のうしろの口にばくばく食べさせていました。それが見つかると、**オニ**になったといいます。

青森県の**カワオンナ**は、人を大食らいにする妖怪《ようかい》です。夏の夜、ある男が土手をそぞろ歩きしていると、すごい美人に会いました。「おひとりですか？」と

1 フタクチオンナ

この話は民話の「くわず女房《にょうぼう》」として知られている。千葉県のフタクチオンナは、斧《おの》が頭にあたり、傷《きず》が口になって話しだしたという。

話しかけてきたので、男はうっとりとしていろいろ話をしました。
家にもどると、男はいきなりお釜《かま》のご飯《はん》を食べはじめ、見る間にからっぽにしてしまいました。それでもたらず、つぎからつぎへと食べつづけ、ついには自分の糞《ふん》まで食う始末《しまつ》です。そして夜な夜な、こっそり家を出ては、土手の美人に会いにいきます。この男は**カワオンナ**に憑《つ》かれてしまったのです。とどのつまりは、太らせた男をカワオンナは食うつもりなのです。

ただの食いしんぼうならいいんだけど、人まで食べてしまうものがいるから、こわいよね。

イペカリオヤシ

Q42 巨大《きょだい》な妖怪《ようかい》はいるの？

雲をつく大男がいます。長野県の**デーランボウ**で、浅間山《あさまやま》と碓氷峠《うすいとうげ》（1）の間にすんでいましたが、立ち上がると、頭が浅間山《あさまやま》から上る煙《けむり》でかくれるくらいの大きさです。

ある晴れた日、**デーランボウ**は碓氷《うすい》峠《とうげ》にこしかけ、足を妙義山《みょうぎさん》（2）に伸《の》ばして昼寝《ひるね》をしていました。するとイノシシが二ひき、足をかじったのです。怒《おこ》った**デーランボウ**は、イノシシをつかまえてにぎりつぶすと、大きななべに入れて、ぐつぐつにました。できあがったなべをもちあげようとしたとき、うっかりひっくりかえしてしまいました。それ以来、山のふもとからは、なべの汁《しる》のしみた塩からい水がわきでるようになったのです。

静岡県《しずおかけん》の**ダイダラボッチ**は、滋賀県《しがけん》で土を掘《ほ》り、もっこ（縄《なわ》を網《あみ》のように編《あ》んだもの）に入れて東に歩くこと三歩半、土をこぼしたところが富士山《ふじさん》となりました。土を掘《ほ》ったあとは琵琶湖《びわこ》になったわけです。

その富士山《ふじさん》をかつごうとしたのは、神奈川県《かながわけん》の**ダイダラボッチ**。富士山《ふじさん》に縄《なわ》をかけて背《せ》おい、立ち上がろうとしたとき、縄《なわ》が切れてしまいました。そのときくやしくて、じだんだ踏《ふ》んだ足あとは、鹿沼《しかぬま》と菖蒲沼《しょうぶぬま》（3）として残《のこ》りました。

1 碓氷峠《うすいとうげ》
群馬県《ぐんまけん》安中市《あんなかし》と長野県北佐久郡《きたさくぐん》の境《さかい》にある峠《とうげ》。

2 妙義山《みょうぎさん》
群馬県《ぐんまけん》西部にある山。かわった形の岩や石が多く、日本三奇勝《きしょう》（めずらしい景色）の一つといわれる。

『常陸国風土記《ひたちのくにふどき》』④のダイダラボウは、丘《おか》の上にいながら、五キロ先の海岸まで手がとどいたほどで、足あとは長さ五十三・五メートル、幅《はば》三十六メートルあります。海をほじくってとった貝殻《かいがら》は、大きな貝塚《かいづか》になりました。小便《しょうべん》をしたら、直径《ちょっけい》三十六メートルの穴《あな》ができてしまいました。

また、兵庫県《ひょうごけん》のとても古い記録《きろく》には、背《せ》が高すぎて頭が天につかえるので、いつも体をかがめて歩いていたという巨人《きょじん》の話がのっています。

富士山《ふじさん》て巨人《きょじん》がつくったんだね！各地の巨人《きょじん》は、ダイダッポ（千葉県）、デエラボッチ（長野県）、ダダ星様（岐《ぎ》阜県《ふけん》）、タンタン法師《ほうし》（富山県）、サブロー（宮城県《みやぎけん》）ともよばれているよ。

ダンダラボウシ

ダイダラボッチ

3　鹿沼《しかぬま》と菖蒲沼《しょうぶぬま》

東京町田市の近くにあった沼《ぬま》。うめたてられてしまい、はっきりした場所はわからない。

4　常陸国風土記《ひたちのくにふどき》

712年、天皇《てんのう》の命《めい》によって作られた。土地の名前の由来《ゆらい》や伝説《でんせつ》などがまとめられている。

Q43 こびとの妖怪《ようかい》っているの？

コロポックルは、アイヌの人たちが語りつたえている小さい人のことです。「フキの葉の下にいる人」という意味で、地面に掘ったあなにすんでいて、屋根はフキの葉でふいていました。なので「**トイチセウンクル**（土の家にすむ人）」ともいいます。とてもすばやく動き、魚をとるのがじょうずです。

むかし、北海道にアイヌの人びとがやってくると、心やさしい**コロポックル**たちは、シカや魚などをわけてあげました。ただ、すがたを見られることをきらい、おくりものはいつも夜、まどからこっそりとどけていました。

「しんせつな**コロポックル**は、どんな人だろう？」

アイヌの人たちは、気になってしかたがありません。そこで夜、こっそり待ちかまえていて、窓《まど》からさしいれられた手をにぎると、いきなり部屋のなかに引きずりこんだのです。見れば、うつくしい女の**コロポックル**でした。

怒《おこ》った**コロポックル**たちは、北のほうへさっていってしまいました。**コロポックル**のすんでいた家からは、いろいろな宝物《たからもの》が出てきたということです。

江戸《えど》時代の人は「北海道の北に、小さい人がすむ島がある」と報告《ほうこく》していま

す。この**コロポックル**を現代《げんだい》によみがえらせた物語が、佐藤《さとう》さとるの『だれも知らない小さな国』にはじまる「コロボックル物語」（全五巻《かん》）で、横浜《よこはま》近くの小山に、**コロポックル**が自分たちの国をつくっていく物語です。

『古事記《こじき》』には、オオクニヌシの国づくりをてつだいに、海の向こうからやってきた、スクナビコナという小さな神さまがでてきます。

古くからいたけど、小さいし、すがたを見られることをきらったから、なかなか発見されなかったんだね。

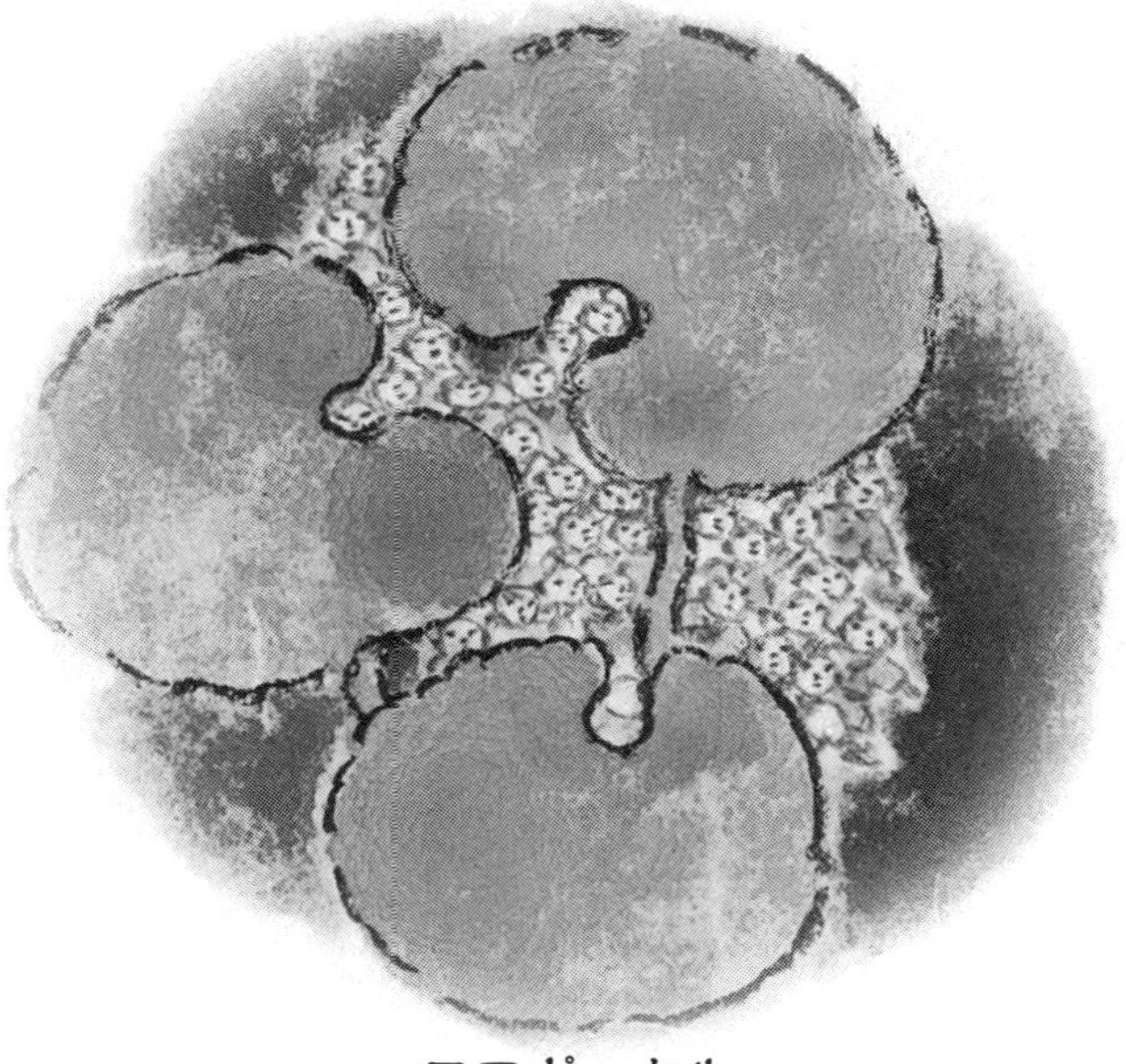

コロポックル

Q44 どんどん大きくなる妖怪《ようかい》って？

三河《みかわ》（愛知県《あいちけん》）での話です。

男の人が夜道を歩いていると、五歳《さい》くらいの小坊主《こぼうず》が立っていました。

「こんな遅《おそ》い時間にどうしたんだろう？」

近づいていくと、その小坊主《こぼうず》は見る見る背《せ》が高くなって、三メートルほどになったのです。

男の人は、はっと気づいていいました。

「**ミコシニュウドウ**、見ていたぞ！」

すると、スッと消えてしまいました。

このとき、**ミコシニュウドウ**から先に声をかけられると、命を取られてしまいます。

この**ミコシニュウドウ**は、地方によって「**ノビアガリ**」「**ミアゲニュウドウ**」「**ニュウドウボウズ**」「**ノリコシ**」などとよばれ、全国にいます。

新潟県《にいがたけん》の佐渡島《さどがしま》にも似《に》たような話があります。やはり小坊主《こぼうず》が夜道に立っていたので、「おやっ」と思い近づいていくと、背がどんどん伸《の》びて、大入道になりました。

「うわあっ！」

見上げていくうち、その人は後ろにひっくりかえって気を失《うしな》いました。

やがて気をとりもどしたときには、大入道は消えていました。この後、たおれ

た頭の方向に進むとわるいことに出会うのだそうです。この入道に出会ったら、**「ミアゲニュウドウ、見越《こ》したぞ！」**とさけんで、地面にうつぶせになれば助かります。

この妖怪《ようかい》の正体は、イタチだともいいます。イタチは小坊主《こぼうず》に化《ば》けて人の肩に乗ると、どんどん大きくなります。このときは静かに手を上げて、イタチの足をつかみ、地面にたたきつければ退治《たいじ》できます。

大きくなったら、すぐにさけぼう。「ミコシニュウドウ、見越《こ》したぞ！」ってね。

ミコシニュウドウ

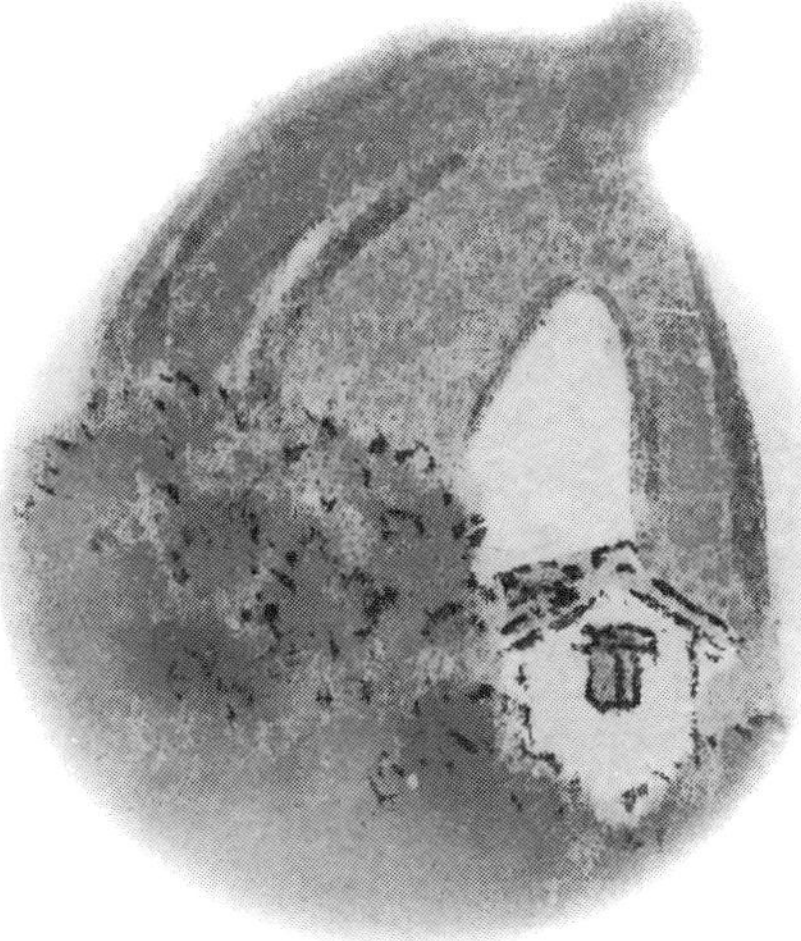
ノリコシ

Q45 いちばん小さい妖怪《ようかい》はどのくらい？

ある武士《ぶし》と結婚《けっこん》した女の人がいました。武士《ぶし》が戦《たたか》いに出かけたので、ひとりで気楽にすごしていたある夜のこと。

小さい物音がして目をさますと、背《せ》の高さ三センチほどで、りっぱな侍《さむらい》のかっこうをしたこびとが何百人も出てきて、「ちん、ちん、小袴《こばかま》　夜《よ》もふけそうろう、おしずまれ、ひめぎみ、や、とんとん」と、くりかえし歌っておどりまわります。この歌の意味は「私たちは**チンチンコバカマ**です。時間もおそいので、おやすみなさい、おひめさま」なのですが、じつは、女の人をねむらせないようにさわいでいるのです。手をのばしても、すばしっこくてつかまえることができません。毎晩《まいばん》あらわれるので、ねむることができず、女の人はとうとう病気になってしまいました。

もどってきた武士《ぶし》は、押入《おしい》れにかくれてようすをうかがうことにしました。

夜中になると、こびとがでてきたので、とびだして刀をふるいました。こびとはいっせいにすがたを消し、畳《たたみ》の上には使いふるした、ようじのたばが残《のこ》っていました。じつは、女の人がめんどうがって、ようじを片《かた》づけずに畳《たたみ》にさしておいたために、畳《たたみ》の神さま怒《おこ》ってがやったことです。

1 ちんちん小袴《こばかま》
これは小泉八雲《こいずみやくも》『知られぬ日本の面影《おもかげ》』に載《の》っている話。佐渡《さど》地方でも歯《は》を黒く染《そ》めるために使った楊枝《ようじ》が化《ば》けてでる話がある。ようじの歌は、「チイチイ小袴《こばかま》に木脇差《きわきざし》を刺《さ》して、これ婆《ばあ》さんネンネンや」。

ようじを焼《や》きすてると、二度とこびとはあらわれませんでした（1）。

小さくて光る妖怪《ようかい》もいます。東北地方や北陸《ほくりく》地方の**ミノムシ**は、寒い冬の晴れた日、ぼうしやコートにくっついて光るホタルのような妖怪《ようかい》です。はらうとどんどん数がふえ、体中包《つつ》まれてしまいます。ただ熱《あつ》さは感じないそうです。

もっともっと小さいのは、変身《へんしん》すれば馬の足あとに千びきかくれることができるという、**カッパ**でしょう。

ようじが化《ば》けた妖怪《ようかい》も小さいけど、馬の足あとに千びきかくれるカッパがチャンピオンだね。

ミノムシ

Q 46 血をすう妖怪《ようかい》っているの？

吸血鬼《きゅうけつき》（バンパイヤ）といえばやはり西洋が本場で、男なら**ドラキュラ**伯爵《はくしゃく》、女なら**カーミラ**（1）が知られていますね。しかし、日本にも吸血鬼《きゅうけつき》がいるのです。

海にいる吸血鬼《きゅうけつき》は、北九州の海辺《うみべ》にいる**イソオンナ**。**イソオナゴ**ともいいます。

夕ぐれ、浜辺《はまべ》の石にすわって、長い髪《かみ》を砂《すな》までたらした女がいました。通りかかった男が、近よって「もし」と声をかけると、ふりむいた女のきれいなこと。思わずポーッとなっていると、長い髪《かみ》がなびいてきて体にまきつき、あっというまに生き血をすわれてしまったのです。

この**イソオンナ**、つな渡《わた》りがとくいです。船を陸《りく》につないでおく、つなを渡《わた》って乗りこんでくると、船員の血をすいます。佐賀県《さがけん》の加唐島《かからしま》での話では、つなを渡《わた》りながら「塩気《しおけ》のない魚をくれ」とさけんだので、船員はあわててつなを切ってにげました。

鹿児島県《かごしまけん》では、**イソヒメ**とよんでいて、やはりすごい美人で、顔を見た人はかならず生き血をすわれます。あるいは会っただけで命をとられるともいいます。

山では**ヤマオンナ**が生き血をすいます。こちらはボサボサ髪《がみ》を地面までのば

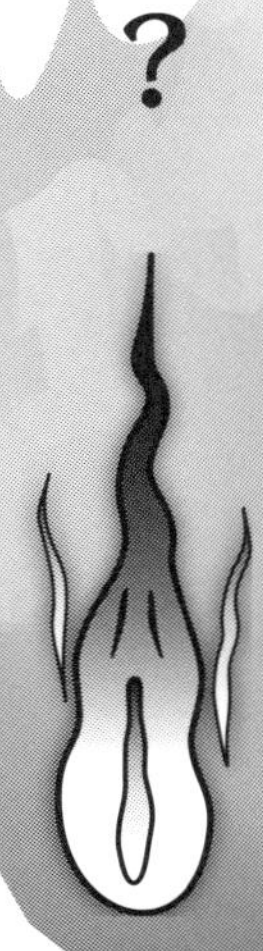

1 ドラキュラ伯爵《はくしゃく》とカーミラ

ドラキュラ伯爵《はくしゃく》はブラム・ストーカー作『吸血鬼《きゅうけつき》ドラキュラ』に登場する。夜になると石棺《せっかん》から出てきて、真っ黒なマントをひるがえし、するどい牙《きば》で人間の生き血をすう。

カーミラはレ・ファニュ作『吸血鬼《きゅうけつき》カーミラ』に登場する。鉛《なまり》の棺《ひつぎ》の中にためた血の中でねむる、黒い目に茶褐色《ちゃかっしょく》の髪《かみ》の細身の女吸血鬼《きゅうけつき》。

したおばあさんで、その髪《かみ》には竹のような節《ふし》があったといいます。通りかかった人の顔を見て、ゲラゲラとわらい、生き血をすうのです。

ほかに和歌山県の果無山《はてなしやま》にでる**ニクスイ**という女の妖怪《ようかい》は、血だけでなく肉をぜんぶすいとってしまいます。

「火を貸《か》してください」と近づいてくるので、もちろん火を貸《か》してはいけません。猟師《りょうし》がお経《きょう》をきざみつけた弾《たま》で打つと、骨《ほね》と皮ばかりの**ニクスイ**が、たおれて死んでいたといいます。

日本の吸血鬼《きゅうけつき》は髪《かみ》の毛をまきつけて血をすう。肉まですいとってしまうこわい妖怪《ようかい》もいるよ。

イソオンナ

ニクスイ

Q47 なんどもでてくるしつこい妖怪《ようかい》っている？

小泉八雲《こいずみやくも》(1)の書いた「**むじな**」は、二度出る妖怪《ようかい》の代表です。

東京は赤坂の紀伊国坂《きのくにざか》で、顔をおおって泣《な》いている女性《じょせい》がいました。「どうしたのかね？」と声をかけて、ふりむいた顔を見てびっくり。目も鼻もない**ノッペラボウ**です。

おどろいてにげるとちゅう、そば屋に出会いました。ほっとして、のっぺらぼうの話をすると、そば屋は「それは、こんな顔じゃないですかい？」と、つるりと顔をなでました。すると卵《たまご》のような**ノッペラボウ**になった、という話。

もうひとつは福島県の**オニ**の話です。若《わか》い侍《さむらい》が、諏訪《すわ》の宮というばけものが出るので有名な場所にさしかかると、同じ年ごろの侍《さむらい》と出会いました。

「ここには**シュノボン**(2)というばけものが出ると聞きましたが、ごぞんじですか」

若《わか》い侍《さむらい》が聞くと、

「それはこういうものですかな？」

といった男の目は見る間に皿のようになり、頭には一本の角が生え、顔色は朱《しゅ》、髪《かみ》の毛は針《はり》のようにさかだち、口は耳までさけて、歯《は》がみする音は雷《かみなり》のよう。若《わか》い侍《さむらい》はおそろしくて気絶《きぜつ》してしまいました。

しばらくして気がつくと、ばけものは

1 小泉八雲《こいずみやくも》（ラフカディオ・ハーン）

1850～1904年。ギリシャ生まれのイギリス人。日本に帰化《きか》して日本の研究をして、『怪談《かいだん》』、『奇談《きだん》』などこわい話も残《のこ》した。「耳《みみ》なし芳一《ほういち》」や「雪女」の話が有名。

2 朱《しゅ》の盆《ぼん》

またの名を朱《しゅ》の盤《ばん》。福島県会津《あいづ》地方の怪談《かいだん》を集めた『老媼茶話《ろうおうさわ》』に載《の》っている。ほかにも舌長婆《したながばば》や姫路城《ひめじじょう》の長壁姫《おさかべひめ》などの妖怪《ようかい》もここに登場する。

消えています。若《わか》い侍《さむらい》はやっとのことで起き上がり、近くの民家《みんか》によって、「水をいっぱいのませてください」とたのみました。

女の人が出てきて、「こんな夜中に、どうなさいました?」と聞くので、ばけものと出会った話をすると、

「その**シュノボン**というのは、こういう顔をしておりましたか?」

といった女の人は、おそろしい**シュノボン**にかわっていました。若《わか》い侍《さむらい》はふたたび気を失《うしな》って、百日後に死んでしまったといいます。

妖怪《ようかい》は一度すがたを消したからといって、ゆだんしてはだめ。二度出てくるしつこいのもいるんだ。

シュノバン

Q48 予言をする妖怪《ようかい》なんているの？

それは**クダン**です。体がウシ、顔が人という合体妖怪《ようかい》で、生まれると三日から一週間ほどで死ぬのですが、死ぬまえにこれから起きることを予言します。その予言はかならずあたるといいます。

　予言するのは、米のできぐあい、流行《はやり》病《やまい》、天候《てんこう》の異変《いへん》、戦争《せんそう》などで、災難《さいなん》からのがれる方法《ほうほう》も教えるといいます。

　クダンの話は、中国、四国、九州地方に多いのですが、東北地方の一部にもつたわっています。

　天保《てんぽう》七（一八三六）年は、全国的《ぜんこくてき》に作物のできがわるく、東北では十万人が餓死《がし》したといわれます。この年、丹波国《たんばのくに》（京《きょう》都府《とふ》北部）で瓦版《かわらばん》がだされました。瓦版《かわらばん》は一ページだけの絵入り新聞です。

「倉橋山《くらはしやま》の山中に、体はウシ、顔は人に似《に》た**クダン**というものがあらわれた。**クダン**はそのむかし宝永《ほうえい》二（一七〇五）年にもあらわれて、つぎの年から豊《ほう》作《さく》がつづいた。この瓦版《かわらばん》をはっておくと家はゆたかになり、病気にはならず、どんな災難《さいなん》もさけられ、コメは豊作《ほうさく》になる」

　しかし、じつは宝永《ほうえい》四年には全国を大《だい》地震《じしん》、津波《つなみ》がおそい、富士山《ふじさん》が噴火《ふんか》していますから、**クダン**はそちらを予言したのかもしれません。

　明治《めいじ》三十二（一八九九）年には、**ク**

ダンは長崎県五島《ながさきけんごとう》の奥島《おくしま》に生まれ、生後三十一日目に「五年後に日本はロシアと戦争《せんそう》をする」と予言して死にました。その予言はあたりました。

明治《めいじ》三十（一八九七）年四月には、広島県福山市に**クダン**が生まれました。「今年中にわるい病気が大流行する。この病気は、医者の手あても薬も効果《こうか》がない。ただ、神社の石の鳥居《とりい》を七つ、川を渡《わた》らずにくぐればよい」

町は大さわぎになりましたが、この新聞記事はウソだということでおさまりました。人さわがせな妖怪《ようかい》でもあります。

クダンの予言はかならずあたるけど、生まれて三日から一週間で死んでしまうんだ。

クダン

Q 49 かわいい妖怪《ようかい》っているの？

静岡県《しずおかけん》の海近くの村の話です。

一人の男の子が、小川で親指くらいの小さい子と会いました。

「なんて小さいんだ。きみは、どこのだれ？」

男の子は、その小さい子を手にのせて聞きました。

「わたしは**ナミコゾウ**といいます。海にすんでいるものです。じつは、このあいだの大雨のとき、楽しくなって、川をさかのぼってしまったのです。ところが、このところの日照《ひで》りで、海にもどれなくなりました。どうか、わたしを海にもどしてください」

男の子はかわいそうに思い、海にかえしてやりました。

それからも、日照《ひで》りが長くつづきました。川の水はかれて、せっかくそだてたイネが、かれはじめました。

「雨がふらないかなあ」

男の子がつぶやくと、海の中から、ちょこちょこと走りでたものがあります。よく見ると、あの**ナミコゾウ**です。

「このあいだは、ほんとうにありがとうございました。わたしの父は、雨をふらせる名人なのです。さっそく、雨をよんでもらいます。そうそう、これから雨をふらせるというときには東南で、雨があ

がるときは、西南の方角に波をならして知らせます」

そういって、**ナミコゾウ**は海にもどっていきました。

まもなく、大雨がふり、男の子も村の人たちも、心からよろこびました。そして、この村は、波の音で、だれでも天気予報《よほう》ができるようになったのです。

ほかにも、子どものいないおじいさんとおばあさんのところに、冬のあいだだけやってくる**ユキタロウ**という男の子の妖怪《ようかい》がいて、とてもかわいがられたそうです。

数は少ないけどいるよ。
あってみたいね。

ナミコゾウ

Q50 妖怪《ようかい》が空から落ちてくるってほんと？

雷《かみなり》が落ちてくるとき、いっしょに落ちてくるのが**ライジュウ**です。そのするどいつめあとは、落雷《らくらい》した木についているといいます。

形は見た人によって、タヌキやイタチに似《に》ている、あるいはネコだ、いやオオカミそっくりだと、はっきりしません。大きさも、イヌくらいだとか、キツネくらいもあるといいます。

だいたい頭が長く、目は丸く、耳が小さくてキバはないようです。ツメはするどく、体の色はすこし赤みのある黒っぽい色がおおいのですが、人によっては、茶色だとかこげ茶にちかい黒だといいます。

栃木《とちぎ》県《けん》那須《なす》郡《ぐん》の**ライジュウ**は、形はネズミに似《に》ていて、体はイタチより大きく、ツメはとてもするどかったといいます。夏のころは山のあなにかくれていて、ときおり首を出して夕立の雲のようすをうかがっています。**ライジュウ**が乗れる雲と、乗れない雲があるからです。そして乗れる雲が出ると、あっというまに空にかけあがり、雲の中にとびこんで去っていきます。

東京都台東区では、雷《かみなり》とともに、雲と火の玉が落ちてきました。火の玉はすぐ雲に乗って空にもどっていきましたが、ケモノが一ぴきとり残《のこ》されました。近く

にいた男が、ぼうでなぐろうとすると、ほおをひっかいてにげました。

ケモノはネコよりも大きく、ネズミ色でおなかが白かったといいます。

ライジュウにおそわれると、人は体も心も弱っていきますが、トウモロコシを食べさせるとなおるといいます。江戸《えど》時代、**ライジュウ**を二、三年飼《か》っているという家をたずね、えさはなにかと聞くと、「トウモロコシです」と答えました。

なぜトウモロコシかは、なぞです。

ライジュウは雲に乗ってとび、雷《かみなり》といっしょに落ちてくる。好物《こうぶつ》はトウモロコシだよ。

ライジュウ

Q51 合体する妖怪《ようかい》なんている？

日本で合体妖怪《ようかい》の代表といえば、**ヌエ**です。そのすがたを古典《こてん》『太平記《たいへいき》』で見てみましょう。

八月十七日、月がいつもよりはるかに明るく感じられる夜。とつぜん、山に一《ひと》群《む》れの黒雲がかかり、鳥がしきりに鳴きはじめました。鳴き声とともに稲光《いなびかり》が走り、その光が宮殿《きゅうでん》の中のすだれをつらぬいたのです。

隠岐《おき》という侍《さむらい》が、この怪鳥《かいちょう》を射落《いお》としました。そのすがたをみればびっくり。頭は人、体はヘビ、くちばしはつき出てまがり、歯《は》はのこぎりのようにぎざぎざで、両方の足にはワシかタカのようなつめがあって、剣《つるぎ》のようにするどくとがっています。羽を広げてはかってみたら、五メートル近くありました。

『平家物語』の中で、源三位《げんざんみ》頼政《よりまさ》が射落《いお》とした**ヌエ**は、すこしすがたがちがいます。この**ヌエ**は、黒雲になって帝《みかど》のいる御所《ごしょ》をおそいました。退治《たいじ》を命じられた頼政《よりまさ》が、黒雲に矢をはなつと怪物《かいぶつ》が落ちてきました。

それは頭がサル、体はタヌキ、しっぽはヘビ、手足はトラだったといいます。

ヌエは、うつぼ舟《ぶね》（大木をくりぬいた丸木舟《まるきぶね》）に入れて流され、芦屋《あしや》の浦《うら》についたので、そこに**ヌエ**塚《づか》を作りました。

どちらにしても、**ヌエ**は四つのものが合体した妖怪《ようかい》であることはたしかです。

合体妖怪《ようかい》で正体がわからないので、そこから正体不明の人や、態度《たいど》があいまいな人を「**ヌエ**的《てき》人間」ともよびます。

合体妖怪《ようかい》といえばヌエ。四つの動物が合体しているよ。

ヌエ

Q52 アイドルみたいな妖怪《ようかい》っている？

富山県《とやまけん》は川が多く、歴史《れきし》も古いことから、伝説《でんせつ》や因縁話《いんねんばなし》が多く残《のこ》っているところです。

這槻川《はいつきがわ》（延槻川《はいつきがわ》）の支流に今井川《いまいがわ》という川があります。その川の底から、ときどき鈴《すず》の鳴る音がするといわれていました。しかし、だれもあまり気にしていませんでした。

今から二百三十年ほど前、お坊《ぼう》さんが、この川のほとりを歩いていました。ふと川岸の向こうを見ると、一人の少女がいて、こちらをじっと見ているのです。

顔の白さはまるで雪のようで、顔だちもとてもきれい。まるで光をはなっているかと思うほどです。ただし、身長《しんちょう》は二尺《しゃく》（六十センチほど）。まるでおひな様です。髪《かみ》には、かんざしをさしています。

服は、さまざまな色が虹《にじ》のようにまじり合って、みごとなもの。とても人間が織《お》ったものとは思えません。着物は短く、白いひざが見えています。つまりはミニスカート。袖口《そでぐち》あたりはレース編《あ》みのようになっていて、そこから出ている手もまた白い。

その少女が、お坊《ぼう》さんと顔を見合わせて、何度もほほえむのです。お坊《ぼう》さんは緊張《きんちょう》して、もう全身汗《あせ》まみれ。ちょうどそのとき、二、三人づれの商人が通りか

かりました。けれど、この商人たちには少女のすがたは見えませんでした。

少女はしばらく川の淵《ふち》にたたずんでいましたが、やがてヤナギの根元から水に入り、もう浮《う》き上がってはきませんでした。

近くの神主《かんぬし》さんによれば、「河伯《かはく》（**カッパ**のこと）の子どもだろう」というのですが、すると鈴《すず》の音《ね》は、水底《みなそこ》で**カッパ**がおどり、歌っていたのでしょうか。


もし現代《げんだい》に出てきたら、きっと、歌っておどれる人気抜群《ばつぐん》のアイドルになれるでしょうね。

光をはなつほど色白で、歌声は鈴《すず》の音《ね》のよう。虹《にじ》のように輝《かがや》く着物で登場。まさにアイドル！

Q 53 お姫さまの妖怪《ようかい》はきれいなの？

兵庫県《ひょうごけん》にある姫路城《ひめじじょう》といえば、白鷺《しらさぎ》城《じょう》の別名《べつめい》があるほど美しいお城《しろ》です。この天守閣《てんしゅかく》には、**オサカベヒメ**（1）というお姫《ひめ》さまの妖怪《ようかい》がいたのです。

ある夜、森田図書《もりたずしょ》という十四歳《さい》になる若侍《わかざむらい》が、なかまと宿直《とのい》をしていました。

「天守閣《てんしゅかく》にはおそろしい城《しろ》の主《ぬし》がいるというが、会う勇気《ゆうき》があるか」と、もちかけられ、図書《ずしょ》は、明かりをもって七階の天守閣《てんしゅかく》まで上っていきました。ところが、会えば命を取られるといううわさとはちがい、三十四、五歳《さい》の美しく高貴《こうき》な女の人が待っていました。

「おまえは、なぜここにきたのか？」

と聞かれたので、わけを話すと、

「では、のぼってきた証拠《しょうこ》の品をやろう」

といって、兜《かぶと》のしころ（兜《かぶと》の鉢《はち》のうしろにたらして首をおおうもの）をくれました。

よろこんだ図書《ずしょ》でしたが、帰るとちゅう、大入道《おおにゅうどう》があらわれて明かりを吹《ふ》き消したので、帰れなくなってしまいました。図書《ずしょ》は、また七階までもどりました。

「なぜまた来たのか？」と聞かれたので、わけを話すと、**オサカベヒメ**は親切に明かりをつけてくれました。

さて後日、殿《との》さまにそのしころを見せたところ、「これはわしのものじゃ」と

1 長壁姫《おさかべひめ》

泉鏡花《いずみきょうか》の書いた戯曲《ぎきょく》『天守物語《てんしゅものがたり》』には、長壁姫《おさかべひめ》と妹の亀姫《かめひめ》（猪苗代城《いなわしろじょう》の主《ぬし》）、ほかにいろいろな妖怪《ようかい》たちが登場する。

いう返事。あわてて兜《かぶと》を取りよせると、たしかにしころがなくなっていたということです。

その殿様《とのさま》は年に一度だけ、一人で天守閣《てんしゅかく》まで上って、城《しろ》の主《ぬし》であるオサカベヒメにあいさつをすることになっています。そのとき、オサカベヒメは、おばあさんのすがたであらわれます。変身《へんしん》できるとすれば、あの大入道《おおにゅうどう》もオサカベヒメで、もう一度図書《ずしょ》の顔が見たかったのかもしれません。勇気《ゆうき》のある若《わか》い図書《ずしょ》を、オサカベヒメは気にいったのでしょう。

この話は、平戸藩士《ひらどはんし》だった松浦静山《まつうらせいざん》の随筆《ずいひつ》『甲子夜話《かっしやわ》』や、怪談集《かいだんしゅう》『諸国百物語《しょこくひゃくものがたり》』などにも取り上げられています。

もちろんきれい。でもオサカベヒメは若《わか》い男の前では美人だけど、中年のお殿様《とのさま》と会うときは、おばあさんのすがたになったらしいよ。

オサカベヒメ

Q54 子どもの妖怪《ようかい》っているの？

たくさんいます。有名なのは、**ザシキワラシ**です。

ある旅人が古い大きな家に泊《と》めてもらったとき、真夜中、「とたとたとた」という小さな足音がして、胸《むね》の上になにかが乗ってきたり、まくらがひっくりかえされたりしました。

こんないたずらをするのが**ザシキワラシ**で、**ザシキワラシ**のすんでいる家は、ゆたかになるといわれ、**クラボッコ**とか、**ザシキボッコ**ともよばれます。

子どもの妖怪《ようかい》はあまりこわくありません。千葉県の**カブキリコゾウ**は、山道などに出て、「お茶をのめ」というだけですし、京都の**ソロバンボウズ**は、木の下で算盤《そろばん》の音をさせるだけです。

けれど、ちょっとこわいものもいます。江戸《えど》の四谷にすむ小島喜右衛門《こじまかえもん》という男が、武士《ぶし》に声のいいウズラ(1)を売りました。しかし、武士《ぶし》はお金がたりなかったので、小島は武士《ぶし》の屋敷《やしき》まで行くことになりました。

屋敷《やしき》は荒《あ》れていて、小島はひそかに「本当に残《のこ》りのお金をはらってくれるだろうか」と、心配になりました。

「ここでしばらく待っておれ」といわれ、八畳間《はちじょうま》でたばこをふかしていると、いつのまか、十歳《さい》くらいの子どもが入っ

1 ウズラ
江戸《えど》時代にはウズラの鳴き声コンクールがあり、これを「ウズラ合わせ」といった。

てきて、床《とこ》の間にかけてあるかけ軸《じく》をクルクルと巻《ま》き上げては、バサリと落とすという遊びをはじめました。

何度もくりかえすので、小島はたまらず注意しました。

「そんないたずらをするものではないよ。かけ軸《じく》がいたんでしまうよ」

「だまっていよ！」

と、ふりかえった子どもの顔には、目が一つだけ。小島は「ワッ」とさけんで失《しっ》神《しん》してしまいました。

あとで聞くと、その屋敷《やしき》には子どもの妖怪《ようかい》が年に二、三度出てきて、春には菓子《かし》をむしゃむしゃ食べ、奥《おく》さんが気づいてどなったら、やはり「だまっていよ！」といって、すがたを消したそうです。

子どもの妖怪《ようかい》はいたずらずきだけど、あまりこわくないものが多いよ。

カブキリコゾウ

ソロバンボウズ

Q55 赤ちゃんの妖怪《ようかい》はいるの？

徳島県《とくしまけん》の剣山《つるぎさん》のふもとには、**ケシボウズ**という赤ちゃんが出てきます。ギャアギャア泣《な》きながら、山道を通る人の前にあらわれるのですが、見ればなにやら背筋《せすじ》が寒くなるというのですから、これは妖怪《ようかい》なのでしょう。

ケシボウズというのは、頭の上のほうだけ毛を残《のこ》してそるヘア・スタイルで、おかっぱ頭よりももっと短く刈《か》りこんだものと思えばいいでしょう。

同じあたりに**ゴギャナキ**も出ます。こちらは木立の中にいて泣《な》くのですが、声を聞くとやはりおそろしくなって、たいていの人は引き返すといいます。**ゴギャナキ**の頭は赤いといい、子どもがぐずったりすると、「**ゴギャナキ**がくるぞ」とおどすといいますから、おそろしいものであることはたしかです。

同じ**ゴギャナキ**でも、高知県では頭の色が白いといいます。夜の海辺《うみべ》に出てきて、通る人の足にからみつきます。このとき、履《は》いているものをあたえれば去っていくといわれます。川に出るものは、**カワアカゴ**とよばれます。

赤ちゃんなのかおじいさんなのかわからないのが**コナキジジ**で、徳島県《とくしまけん》にいます。赤ちゃんのように小さく、顔が赤くて、山中でオギャアオギャアと泣《な》き声

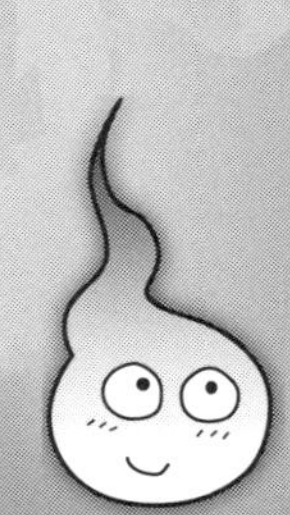

をあげます。

「こんな山の中でかわいそうに」など と同情《どうじょう》してだき上げたらたいへん！ しっかりしがみつかれ、体重がどんどん重くなっていき、最後《さいご》には押《お》しつぶされてしまうのです。重さは二百キロとも四百キロともいいますから、たえきれないのもむりがありません。

セコ

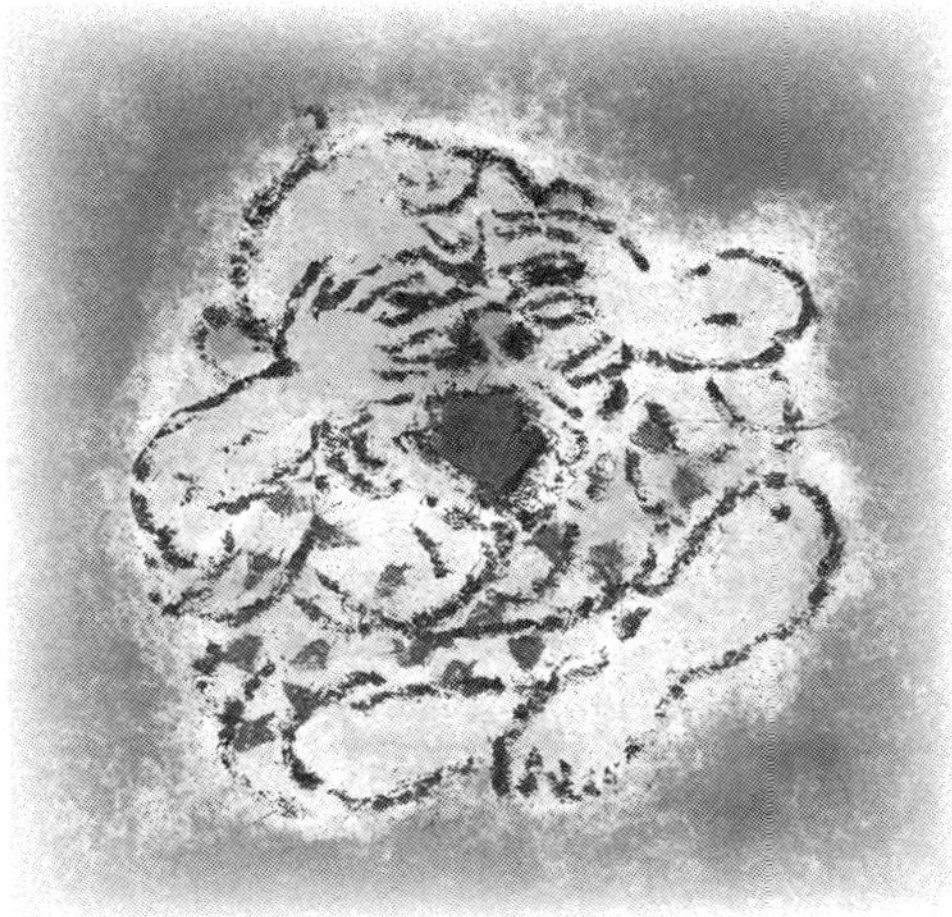
コナキジジ

赤ちゃんの妖怪《ようかい》は山の中に出るものが多い。かわいそうだと思ってだっこしたら、おそろしいめにあうかもしれない。

Q56 おばあさんやおじいさんの妖怪《ようかい》にはどんなものがいるの？

なぜか、おじいさんの妖怪《ようかい》は少なくて、おばあさんの妖怪《ようかい》はたくさんいます。

夕ぐれから夜ふけにかけて水辺《みずべ》を歩いていると、ザクザクと小豆《あずき》をあらうような音が聞こえます。これが**アズキトギ**とか**アズキアライ**、**アズキババ**とよばれる妖怪《ようかい》です。埼玉県《さいたまけん》の**アズキババ**は川のほとりの祠《ほこら》にすんでいて、夜になると川に出てきて小豆《あずき》をあらい、人が通ると化《ば》かしたり、おどしたりするといいます。

テナガババアは、長い白髪《はくはつ》のおばあさんで、水の底《そこ》にすんでいます。井戸のそばや池など危険《きけん》な場所で子どもが遊んでいると、出てきて「水の中に引きこむぞ」とおどかします。子どもに危険《きけん》を知らせてくれるので、親切な妖怪《ようかい》なのでしょう。

ナンドババは、納戸《なんど》から「ホーッ」といって出てきますが、ほうきでたたくと、縁《えん》の下にかくれてしまいます。

ほかにも甘酒《あまざけ》を売りにくる**アマザケババア**、雪のふる夜にお酒をもとめてさまよう**オシロイババ**などもいます。

神奈川県《かながわけん》の多摩丘陵《たまきゅうりょう》には、毎年十二月八日と二月八日（1）に**メカリババアサン**がやってきます。

この日はわすれずにザルを出しておかなくてはなりません。

1 八日
八日というのは「事の八日」ともいい、さまざまな神や妖怪《ようかい》が出る日とされている。

メカリバアサンは、ザルをみて「目がたくさんある」とよろこんで帰っていきます。もし、ザルを出しわすれると、家に入りこんで人間の目を借《か》りていくというのですから、おそろしい妖怪《ようかい》です。

おそろしいといえば、宮城県《みやぎけん》の**ホウソウババ**は、疱瘡《ほうそう》（天然痘《てんねんとう》）という病気をはやらせ、死んだ人を食べたそうです。

小豆《あずき》をといだり、甘酒《あまさけ》を売ったり、子どもに注意したり、納戸《なんど》にもぐったり、おばあさんの妖《よう》怪《かい》は大いそがしだ！

アズキトギ

ホウソウババ

メカリバアサン

テナガババア

Q 57 お酒のすきな妖怪《ようかい》は？

大酒のみの妖怪《ようかい》といえば、**ショウジョウ**です。体中赤い毛でおおわれていて、大の酒ずき。海から出てきて、酒だるの酒をのみほし、よっぱらってたるに落ちたくらいです。

秋田の町には酒ずきの**オニ**がいて、酒屋に入ってては大酒をのんでいました。でも、「酒代《さかだい》をはらってくれ」というと、いきなり大あばれをします。反対に、ころよくお酒をのませると、その夜、酒代の十倍ほどのたきぎを門のまえにつんでおいてくれるのです。

そこで、**オニ**が町にくると、みんなよろこんでお酒を出すようになりました。

オニはいつか「**サンキチオニ**」とよばれ、人気者になっていきました。

「あの山の松《まつ》の木を、うちの庭に移《うつ》してくれ」

そういって、山に酒だるをささげると、いつのまにか酒はなくなって、一夜のうちに松《まつ》の木が庭に植《う》えられています。殿様《とのさま》でさえ、人の力では動かせない大岩などを動かしてほしいとねがって、**サンキチオニ**に酒をささげたほどです。人びとは、**サンキチオニ**をたいせつにしていました。でもいつのまにか、**サンキチオニ**のすがたは、町では見かけなくなったのです。どうしたことかと

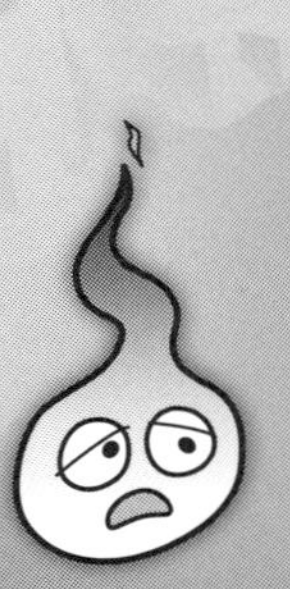

みな心配したのですが、それっきり、すがたを見ることはありませんでした。

長野県の**トウガンス**は、やかんのような形の妖怪《ようかい》で、池を網《あみ》ですくったら、ひっかかりました。家にもち帰っておいておくと、真夜中に、ごろごろころがって、酒をすすっていたといいます。

オシロイババは、冬、雪のふりつもった夜に、大きなワラ笠《がさ》をかぶって、お酒をもとめてさまよい歩きます。ですから、きっと酒のすきなおばあさんの妖怪《ようかい》なのでしょう。

ショウジョウ

オシロイババ

お酒と妖怪《ようかい》は切っても切れない縁《えん》がある？　酒ずきは多いよ。

Q 58 うるさい妖怪《ようかい》や光る妖怪《ようかい》っている？

じつは、妖怪《ようかい》の種類《しゅるい》で一番多いのは、音と光です。音では小豆《あずき》のとぐ音をだす**アズキトギ**が代表的ですが、山でもあやしい音をたてるものがいます。その代表は**テングだおし**です。**フルソマ**、**ソラキガエシ**ともいいます。夜、山の中で木の倒《たお》れる大きな音がします。しかしつぎの朝そのあたりにいっても、倒《たお》れている木はありません。これは**テング**のしわざとされます。

足音の妖怪《ようかい》には、**ベトベトサン**がいます。夜道を一人で歩いていると、うしろから足音がします。ふりむいてもだれもいません。このときは道のはしによって、「**ベトベトサン**、お先にどうぞ」というと消えるといいます。

福井県では、冬のみぞれがふる夜道を歩くと、ピシャピシャと足音が聞こえます。これを**ビシャガツク**といっていますが、すがたは見えません。岡山県《おかやまけん》加《か》茂《も》川町《がわちょう》には、近くを通ると「コソコソ」と音をたてる**コソコソイワ**があります。

ビシャガツク

楽器の音を立てるものもいます。夜、どこからともなく笛やたいこの音がひびいてくるのを**タヌキバヤシ**といっています。静岡県《しずおかけん》では、これを**ヤマバヤシ**といいます。

あやしい火といえば**キツネビ**です。山から山へと続《つづ》く尾根《おね》にそってうすい紅色《べにいろ》の火が連《つら》なっていきます。もちろん火の気もない場所です。これを「**キツネノヨメイリ**」とよびます。キツネが火の玉を口にくわえているからだとか、しっぽに火をともしている、または動物の骨をたいまつにしているからだなどと考えられてきました。

江戸《えど》時代、大晦日《おおみそか》になると王子稲荷《いなり》（東京都北区）にたくさんの**キツネ**が集まってきました。王子稲荷《いなり》は稲荷神《いなりがみ》の頭領《とうりょう》なので、**キツネ**たちはえらい位《くらい》をさずけてもらおうと集まってくるのです。**キツネビ**の行列《ぎょうれつ》はみごとで、王子近くの人はその数を見て、つぎの年の収穫《しゅうかく》をうらなったといいます。

音や光だけの妖怪《ようかい》はたくさんいるんだ。暗がりで音がしたり、ぼうっと光ったりすると、どきっとするよね。

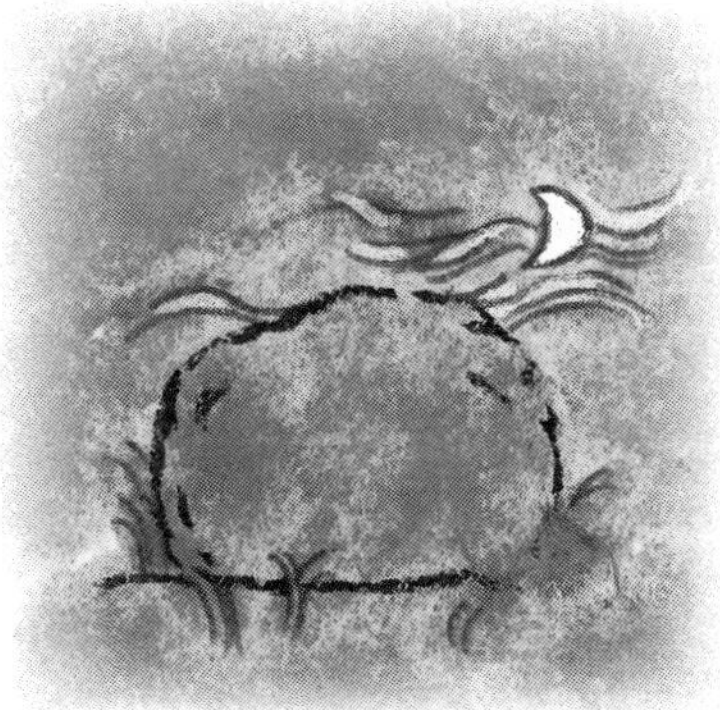

コソコソイワ

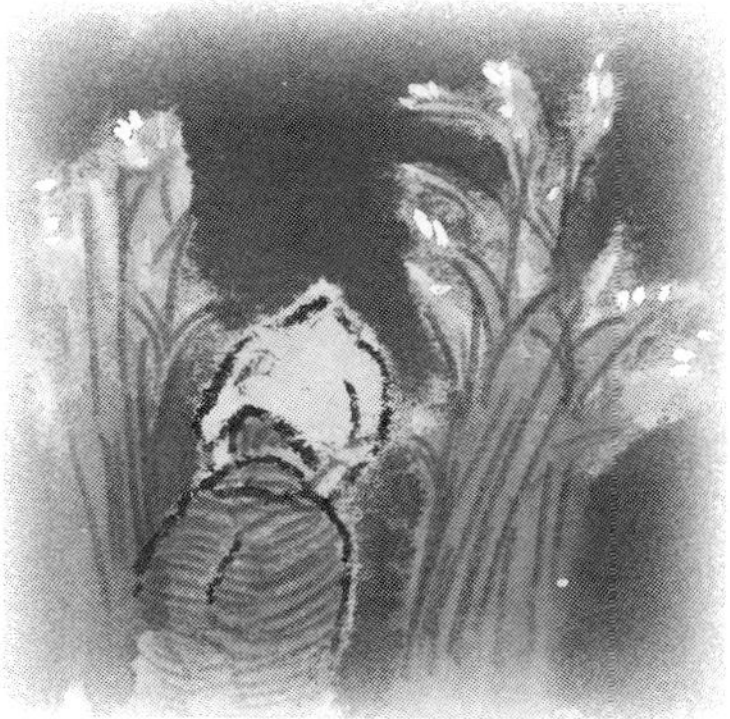

ベトベトサン

Q59 物を粗末《そまつ》にすると妖怪《ようかい》になるの？

「からりん、ころりん、かんころりん、まなぐ（目）三つに歯《は》二んまい」と歌いながら、**バケハキモノ**がものおきから出てきました。これは、大事にしないで投げすてられた下駄《げた》が、**バケモノ**になったのです。

室町《むろまち》時代に描《えが》かれた「付喪神絵巻《つくもがみえまき》」にある物語では、「器物《きぶつ》は、百年たつと魂《たましい》をもって、人に害《がい》をする」と書かれています。そのため、年末になるとすす払《はら》いをして、古道具をすてていたのです。

ある年のくれ、すてられた古道具たちが一カ所に集まりました。つくえ、うす、ひしゃく、おうぎ、おわん、なべ、さじなどです。

「これまで せいいっぱい人のために働《はたら》いてきたのに、あっさりすてられるとはなさけない。なにか人間に復讐《ふくしゅう》する方法《ほうほう》はないものかな」

古道具たちは、古文《こぶん》先生という古文書《こもんじょ》の精《せい》に相談《そうだん》をもちかけました。すると、「節分《せつぶん》の夜に、心をからっぽにしていのれば、**バケモノ**になれる」と教えてくれました。そのとおりにやると、古道具たちはめでたく、**オニ**や**バケモノ**になることができました。

そして、都《みやこ》の近くの山かげにすみ、都《みやこ》に出ては人や家畜《かちく》をおそって食べたの

で、人びとはとても恐《おそ》れました。
調子にのった**バケモノ**たちは、人間の楽しみを味わおうと、バクチをしたり、詩会を開いたり、囲碁《いご》や将棋《しょうぎ》をして遊びくらしました。
都《みやこ》では、宮中《きゅうちゅう》でおいのりをして、護法《ごほう》童子《どうじ》を**バケモノ**退治《たいじ》にむかわせました。護法童子《ごほうどうじ》は仏法《ぶっぽう》をまもる護法神《ごほうしん》の使いです。**バケモノ**たちは護法童子《ごほうどうじ》の火に追われ、ついに降参《こうさん》しました。やがて、えらいお坊《ぼう》さんのもとできびしい修行《しゅぎょう》をして、**バケモノ**はみんな仏《ほとけ》になったということです。
古い道具の**バケモノ**は「付喪神《つくもがみ》（九十九神《つくもがみ》）」といい、百年に一年たりないほど古いモノという意味なのです。

物にも命があると、むかしから考えられてきたんだね。

バケハキモノ

妖怪日和《ようかいびより》

「お客さんはいませんか？　バッサリ髪《かみ》の毛をきりますよ～」
カミキリの美容室《びようしつ》へどうぞ～！

4章　妖怪《ようかい》はどこにでるの？

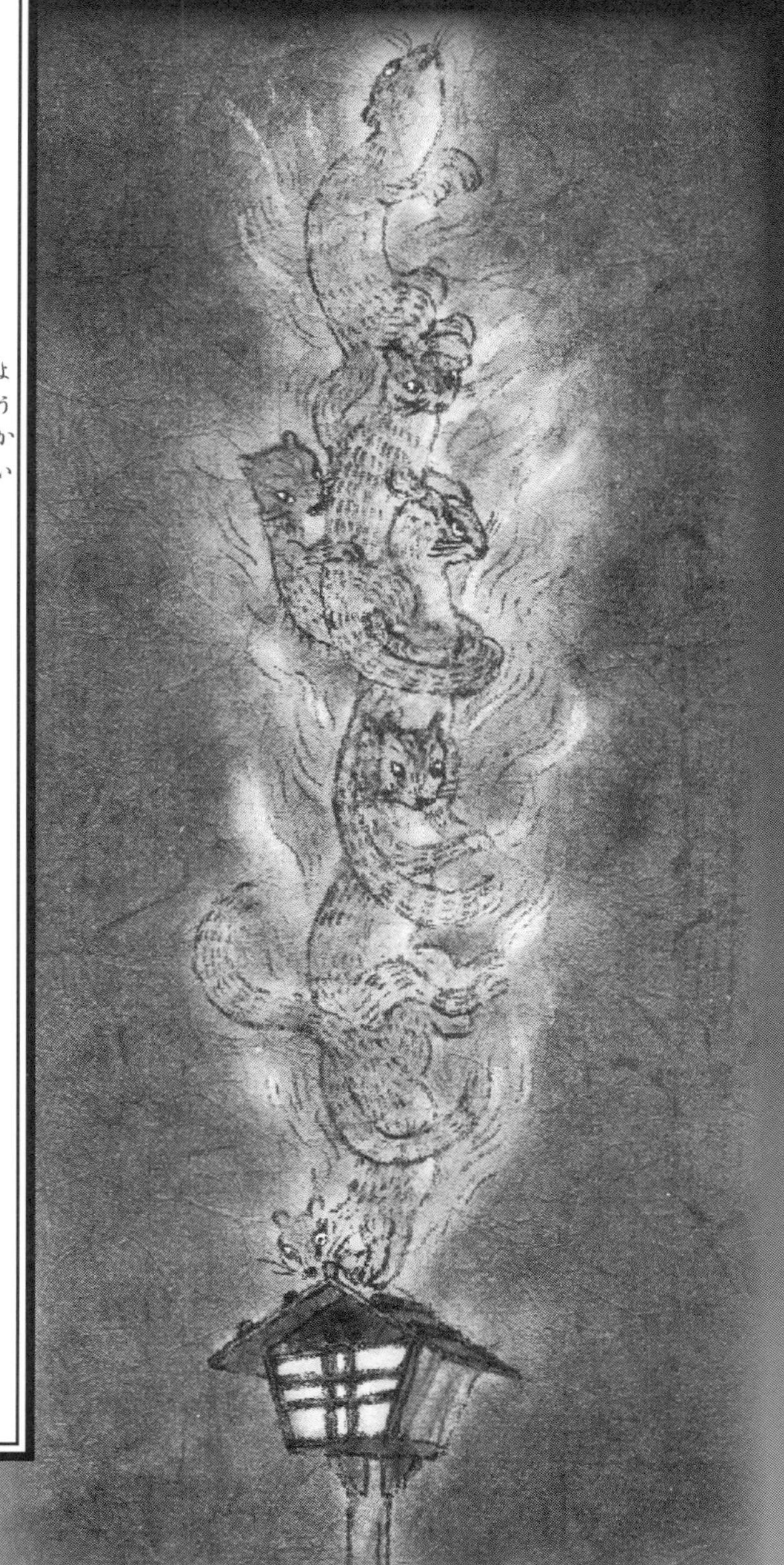

Q60 ヤマンバは山にすんでいるの？

ヤマウバは、**ヤマンバ**、**ヤマハハ**、**ヤマオンナ**ともいわれ、山にすむ妖怪《ようかい》です。背《せ》は高く、ときに三メートルをこえます。色白で口は耳までさけ、目がするどく、髪《かみ》は長くザンバラで、ほとんどが白い着物をきています。

熊本県《くまもとけん》の山犬落として、女の人が**ヤマンバ**にあいました。髪《かみ》はボウボウで節《ふし》があり、地面にとどくほどでした。**ヤマンバ**はゲラゲラとわらいました。

「**ヤマンバ**がわらうと生き血をすわれる」と聞いていたので、女の人はおそろしくて大声でさけびました。すると、**ヤマンバ**はすうっと山の奥《おく》に消えました。けれど女の人は家にもどって、まもなく死んでしまったということです。

ヤマンバは、人にしあわせをもたらすこともあります。熊本県《くまもとけん》砥用《ともち》で、おばあさんが一人でるすばんをしていると、**ヤマンバ**がやってきました。

「これから赤ちゃんを産《う》むから、小屋のすみでもいいから貸《か》してくれ」

おばあさんが庭の小屋を貸《か》して、一週間ばかりすると、**ヤマンバ**はお礼をいって、こうつけくわえました。

「これから先、おばあさんのこづかいは不自由《ふじゆう》させないよ」

たしかに、おばあさんのさいふには、

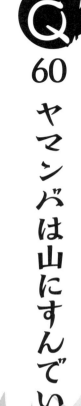

いつもお金が入っていました。ただ、むすこがそのお金を使いはたしてからは、さいふは、からのままだったということです。

ヤマンバが、子そだてをした有名な話もあります。神奈川県《かながわけん》の足柄山《あしがらやま》で金太郎《きんたろう》をそだてたのです。クマとすもうをとって遊んだという力もちの金太郎《きんたろう》は、大きくなって大江山《おおえやま》の**オニ**退治《たいじ》（84ページ）をしました。

ふだんは山にいるけど、お酒をのんだり、子どもをうんだりするとき、里におりてくるよ。

ヤマンバ

Q61 ユキオンナって、美人なの？

妖怪《ようかい》の中では、美人とうわさが高いです。小泉《こいずみ》八雲《やくも》（106ページ）の「**雪女**」の話が有名ですが、ここでは新潟県北魚沼郡《にいがたけんきたうおぬまぐん》の**ユキジョロウ**を紹介《しょうかい》しましょう。

雪山で、ウサギを追いかけていた猟師《りょうし》が道にまよい、暗くなってきたのでこまっていると、はるかむこうに明かりが見えます。「助かった」と、明かりをめざしていくと、雪にうもれるようにして一けんの家がありました。

戸をたたくと、中からおばあさんが出てきて「わたしとむすめ二人だけで、さびしいと思っていたところです」と、大かんげいをしてくれました。

火を強くして体をあたためてくれ、ごはんもごちそうになりました。

そして、「こちらでおやすみください」と、案内《あんない》された部屋には、みごとなふとんと家具がそろっています。

「こんな山の中に、これほど裕福《ゆうふく》な家があるのはなぜだろう」

ふとんに入って考えていると、美しいむすめがするりと、となりにもぐりこんできたのです。

けれど、猟師《りょうし》はつかれとここちよいあたたかさに、そのままねむってしまいました。

つぎの朝、近所の人たちが猟師《りょうし》をさが

すと、身につけていたものをきちんとならべ、下着すがたでねむるように、息絶《いきた》えていました。

「ああ、またユキジョロウにやられたな」

村人たちはそういいあってため息をつきました。猟師《りょうし》はおだやかな顔をしていたということです。

目も心もとろけそうな美人だ。ぼうっと見とれて命をとられないようにしてね！

ユキオナゴ

Q 62 山であう危険《きけん》な妖怪《ようかい》って？

山の小屋でぐっすりねていると出てくるのが、**ヤマチチ**（1）です

ヤマチチは人の寝息《ねいき》をすいとります。すわれた人の胸《むね》をたたくと、その人はかならず死んでしまいます。このとき、そばにねていた人が目をさますと、息をすわれた人は長生きするというのですが、理由はわかりません。

夜の山小屋にやってくるのは、**ヤマチチ**だけではありません。猟師《りょうし》が何人か泊《と》まっている小屋に、美しい女が「泊《と》めてください」とやってきました。若者《わかもの》たちはよろこびましたが、猟師《りょうし》の長《おさ》だけはゆだんせず、ねたふりをしていました。

真夜中、全員がねしずまると、女はぴょんぴょんはねながら、長《おさ》のほうへ近づいてきました。長《おさ》は、女が目の前に来たとたん、山刀でつきさしました。

女の正体は年とった**ヤマネコ**だったといいます。

山道などを歩いていると、とつぜんおなかがすいて一歩も前へ進めなくなることがあります。これを「**ヒダルガミ**につかれた」といいます。地方によっては**ダリ**、**ダリボトケ**、**ダリ神**、**ダラシ**などとよんでいます。

ヒダルガミが出る場所はだいたい決まっていて、むかし、その場所でうえ死

1 ヤマチチ

コウモリが年をとってノブスマというものになり、それがさらに変身《へんしん》したもの。めったにお目にかかれない。なかまにヤマジジやコナキジジがいる。一つ目で一本足が多く、「一本ダタラ」「一本足」ともよばれる。

にした人がいて、その霊《れい》がとりつくのです。

ヒダルガミに憑《つ》かれたときは、弁当《べんとう》箱《ばこ》などに残《のこ》っている米つぶを、十つぶでも口に入れれば元気をとりもどすことができます。木の葉でも一口食べるか、もっていた食べものを近くに投げるといいともいいます。

山で出会う美女にはご用心！
山にのぼるときには非常食《ひじょうしょく》をもっていこう！

ヤマチチ

Q63 山には男の妖怪《ようかい》もいるの？

いますよ。九州の山奥《おく》にすんでいるのが**ヤマワラワ**です。大きなサルに似《に》ていて、人のように二本足で歩きます。毛の色は黒、ときに山寺に出て食べものをぬすんだりしますが、塩気《しおけ》のあるものはきらいです。

きこりたちは、山に入って仕事をするときには、**ヤマワラワ**の助けを借《か》ります。**ヤマワラワ**は怪力《かいりき》で、どんな大木でも、やすやすと運んでくれるのです。しかも、おれいは、にぎりめしでいいのですから、こんなにうまい話はありません。でも、仕事をする前ににぎりめしをわたしてはなりません。食いにげされてしまいます。追いかけても、追いつけるはずもありません。ですから、にぎりめしは仕事のあとにわたします。

この**ヤマワラワ**を鉄砲《てっぽう》でうとうとか、まして殺《ころ》そうなどと思うと、その心を読んで、たたられてしまいます。ある人は気がへんになり、ある人は大病し、またある人の家は全焼《ぜんしょう》したといいます。

カッパが山にのぼったのが**ヤマワラワ**だともいわれます。

静岡県《しずおかけん》の**ヤマオトコ**も、同じように仕事をてつだってくれますが、こちらは酒が好物《こうぶつ》とか。言葉が通じませんが、身ぶり手ぶりで話すと、すぐにつたわるよう

です。

民俗学者《みんぞくがくしゃ》で植物学者の南方熊楠《みなかたくまぐす》は、「丸はだかに全身松《まつ》やにをぬり、荒《あら》い毛が全身をおおっていて、言葉は通じない。生《なま》の肉や野菜《やさい》を食べ、人の心を読む」のが、本物の**ヤマオトコ**だといっています。

高知県の山奥《やまおく》には**ヤマジジ**がいます。身長百センチ前後と小がらで、人に似《に》ていますが、全身をネズミ色の短い毛がおおっています。目は二つですが、一つがとても小さいので一つ目のようです。そして、その目は巨大《きょだい》であやしく光っているといわれます。


ヤマンバとちがって力もちの働《はたら》き者が多いけど、だまそうとすると仕返しがこわい。

ヤマオトコ

Q64 海には、自分とそっくりな妖怪《ようかい》がいるの？

それは、伊勢湾《いせわん》の海女《あま》たちが出会う**トモカヅキ**です。アワビなどをとる海女《あま》が、海中にもぐっていくと、自分とまったく同じ服装《ふくそう》をしたものが、海底《かいてい》をはっています。海女《あま》を見ると、ニヤリとわらってアワビをさしだしたり、もっと深い場所に行こうとさそうのです。

これが**トモカヅキ**で、なかまの海女《あま》だとかんちがいしてアワビを受けとろうものなら、手を引かれて、ついには息が続《つづ》かなくなって死んでしまうのです。でも、**トモカヅキ**と気づいたときは、うしろ向きになって、背中《せなか》に手を回して受けとればだいじょうぶです。海女《あま》たちは、妖怪《ようかい》をさけるために、魔《ま》よけのしるし(1)をつけます。

海にはほかにもかわった妖怪《ようかい》がでます。夜、釣《つ》りをしていると、まっ白い髪《かみ》をふりみだし、目つきのわるいおばあさんが、背中《せなか》にうすをせおってあらわれました。やがて、白い足のうらを見せて海底《かいてい》にしずんでいきました。三、四年に一度、あらわれるそうです。これは**ウスオイババ**とよばれています。

ウキモノは、五〜六月の花がさくころ、くもった日に海の沖《おき》にでます。丘《おか》のように大きな魚が、あらわれてはまた消えます。だいたい同じ場所にあらわれるようです。

1 魔《ま》よけのしるし

「ドーマンセーマン」とよばれる五角形を、手の甲《こう》やはちまきにぬいつける。ドーマンは芦屋道満《あしやどうまん》、セーマンは安倍晴明《あべのせいめい》のことで、共《とも》に平安時代を代表する陰陽道《おんみょうどう》の達人《たつじん》。

いるよ。海は広いし大きいから、出る妖怪《ようかい》も小さいものから大きいものの、すがたかたちもさまざまだよ。

トモカヅキ

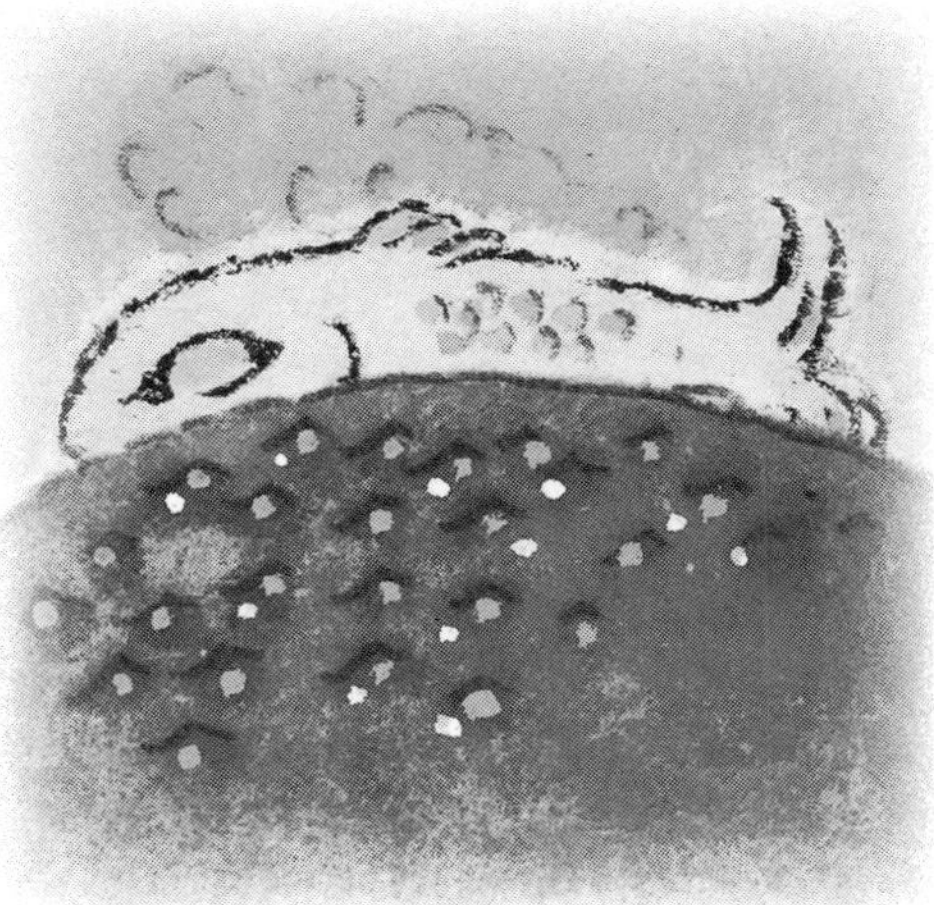

ウキモノ

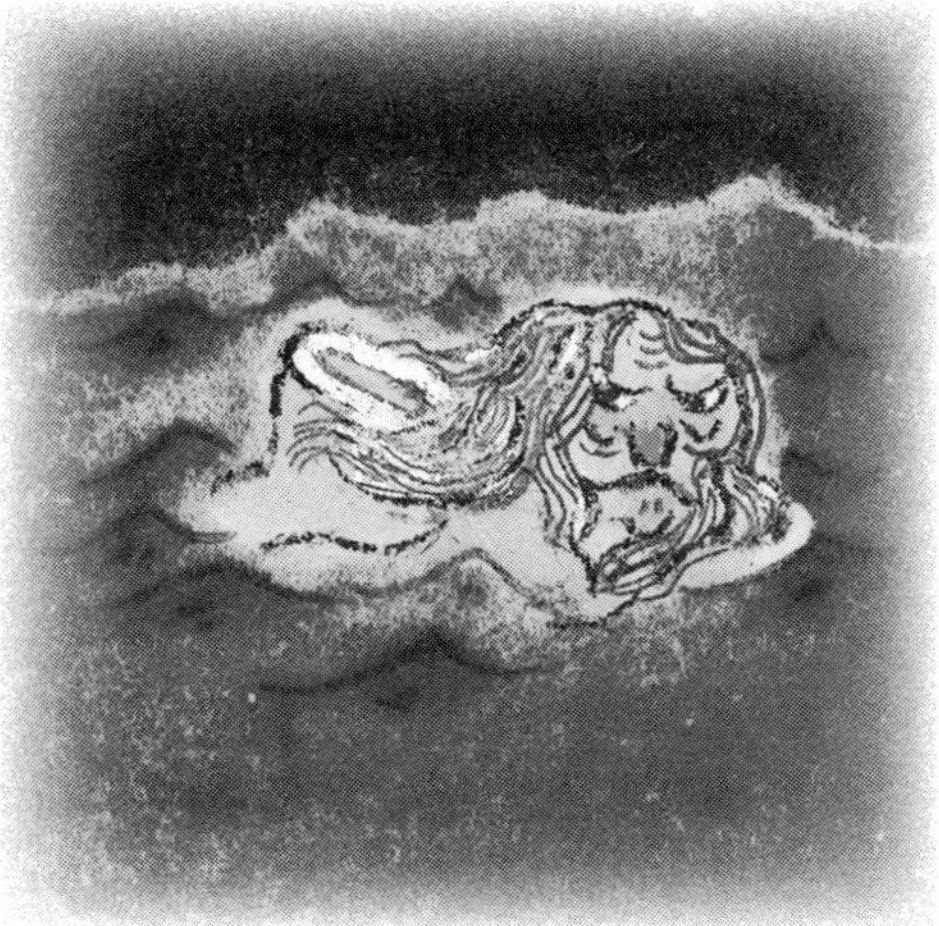

ウスオイババ

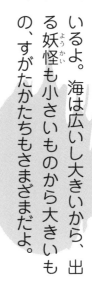

Q65 ウミボウズってどんな妖怪《ようかい》？

　満天《まんてん》の星の下で、漁《りょう》をしている船がありました。とつぜん、生《なま》あたたかい風が吹《ふ》いてきたと思うと、星は消えて、あたりは闇《やみ》に包《つつ》まれてしまいました。

　闇《やみ》をおしのけるように、小山のような波が立ったと思うと、波の上に、まっ黒で目ばかり大きい坊主頭《ぼうずあたま》が乗ったのです。そして、耳までさけたまっ赤な口を開いて、ニタニタとわらいました。

　漁師《りょうし》はあまりのぶきみさに、思わず船をこぐ手を止めると、そのとたん、大波が船をのみこんでしまいました。

　ウミボウズとは、このようにまっ黒い坊主頭《ぼうずあたま》でヌルヌルしたものです。

　ウミニュウドウとか**ウミコゾウ**ともいいます。この妖怪《ようかい》は変身《へんしん》もできるらしいのです。

　宮城県《みやぎけん》の北にある灯台《とうだい》もりが、用事があって出かけ、一人

ウミボウズ

で船をこいで帰ってきました。すると**ウミボウズ**が美女に変身《へんしん》して、泳ぎくらべをしようといってきたのです。その気になって海に入ったら、それこそ一貫《いっかん》の終わり。必死《ひっし》に船をこいでにげましたが、岸に着いたときの顔はまっ青でした。

ウミボウズに会うと、魚がとれなくなるともいいます。

ウミボウズをつかまえたら、

「おまえの命は助けてやる。そのかわり、今後は漁《りょう》のじゃまをしないとやくそくしろ」というのです。

すると、**ウミボウズ**は西を向いて天をあおぎます。これは「やくそくします」といっているのです。

鳥取県米子《よなご》の浜《はま》からあがってきた**ウミボウズ**は、目が一つで、胴《どう》回りが六十センチ、タコのようで、ヌルヌルしていて、さわったところがかゆくなったそうです。

まっ黒くてヌルヌルしているのが特徴《とくちょう》。
でも、ときには美女にも変身《へんしん》するらしい。
海の神さまだともいわれているよ。

ウミボウズ

ウミボウズ

Q66 ウミニョウボウって、だれかの奥《おく》さんなの？

ウミニョウボウ（1）は、人間と同じようなすがたをしていますが、指の間には水かきがついています。

東北の漁村《ぎょそん》での話です。出港した船が予定の日をすぎても、もどってこないため、女たちは心配して待っていました。

そこへ、大きなふろしき包《づつ》みをかついだ女がたずねてきました。

「物を売りにきたのかい？　この村じゃいま、それどころじゃないんだ」

追いはらおうとすると、女はにっこりして、ふろしき包《づつ》みをほどきました。ゴロゴロと出てきたのは、男の生首が五つほど。

「この人たちは、嵐《あらし》にあっておぼれ死んだのです。けっして、わたしが殺《ころ》したのではありません。みなさんが待っているだろうと思って、とどけにきたのです」

そういうと、海に帰っていきました。これは親切な（？）**ウミニョウボウ**というべきなのでしょう。

島根県に出た**ウミニョウボウ**は、サバがたくさんとれたとき、漁師《りょうし》のるすに子どもをつれてやってきて、おけいっぱいの塩《しお》サバを食べました。そして、「じいはいないか。いたら口直しに食ってやりたい」といいながら、帰っていったそうです。

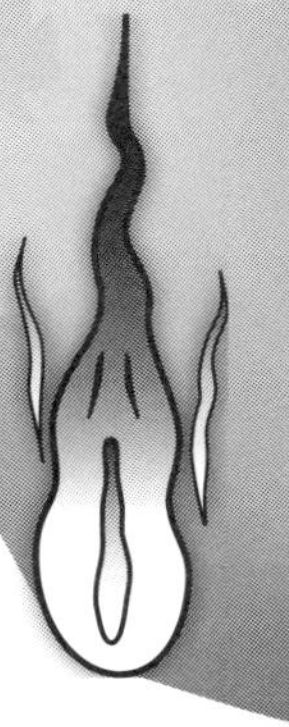

1 海女房《うみにょうぼう》
女房《にょうぼう》は奥《おく》さん。妻《つま》の意味。

ウミニョウボウのなかまと思われる妖怪《ようかい》に、**アヤカシ**がいます。

千葉県上総《かずさ》地方の話です。

岬《みさき》に船をつけて、水をくもうとした漁《ぎょ》船《せん》がありました。船員の一人が上陸《じょうりく》すると、いい着物を着た美しい女がいて、「わたしがくんできてさしあげましょう」といいます。

水をくんでもらい、船にもどると、船《せん》頭《どう》があわてて、「そいつは**アヤカシ**というばけものだ。命をとられるぞ！」とさけびました。

そのときには、女はもう海にとびこんで、船を追いかけてきました。船員たちは、船をこぐ櫓《ろ》で**アヤカシ**をたたき、なんとかにげたといいます。

ウミニョウボウは、ウミボウズの奥《おく》さんだといわれているよ。海にすむ妖怪夫婦《ようかいふうふ》だ！

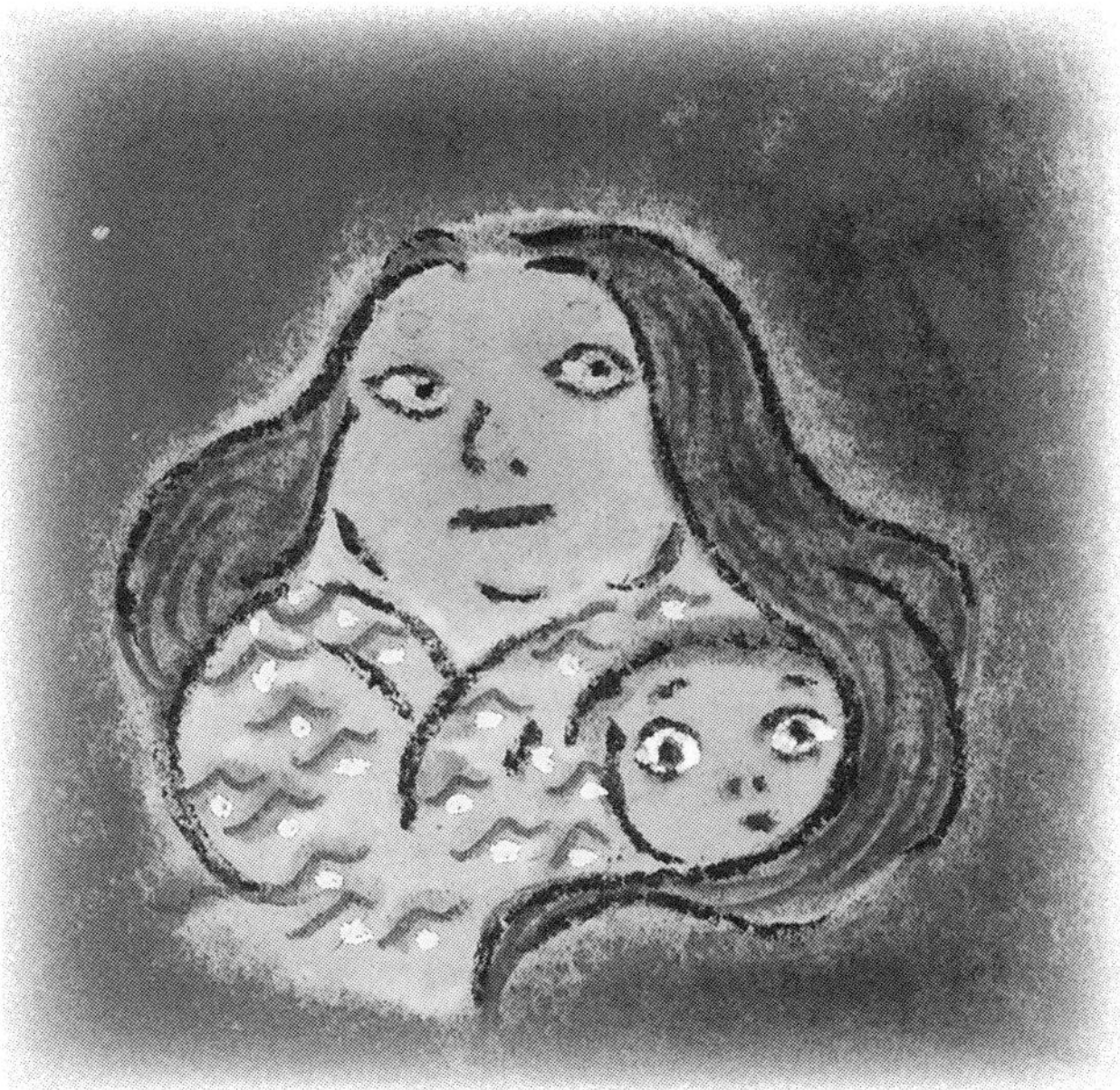

ウミニョウボウ

Q 67 フナユウレイって幽霊《ゆうれい》？それとも妖怪《ようかい》？

雨風がはげしい夜の海で、一にぎりくらいの綿《わた》のようなものが波に浮《う》かんだと思うと、すこしずつ大きくなり、顔の形がととのい、目鼻がそなわってきます。かすかに友をよぶような声がしたとたん、数十の亡霊《ぼうれい》があらわれ、船にしがみつきました。

亡霊《ぼうれい》たちは、「イナダを貸《か》せ」あるいは「シャクを貸《か》せ」と口ぐちにさけびます。イナダもシャクも、水をくむ大きなヒシャクのことです。うっかりヒシャクを貸《か》すと、船はしずめられてしまいます。だから、ヒシャクの底《そこ》をぬいて渡《わた》すといいのです。

山口県の壇ノ浦《だんのうら》にでる**フナユウレイ**は、戦《たたか》いでやぶれた平氏《へいし》一族だということです。

モウレイビは、夜の海にとつぜん出てくる帆船《はんせん》です。あわててさけると、また出てくるので、船を止めてみると、帆《はん》船《せん》は炎《ほのお》のように光り、とびちったそうです。海で遭難《そうなん》した人の亡霊《ぼうれい》が集まっていたのです。

ユウレイセンも**フナユウレイ**のなかまといっていいでしょう。まっ暗な海上で、大きな船が風の向きとは反対に帆《ほ》をあげ、走ってきます。つまり向かい風なのに、追い風のように帆《ほ》を張《は》っているわ

けです。火をたいているのですが炎《ほのお》は見えません。船では何人も働《はたら》いているのに、りんかくがぼんやりしています。そのうち、**ユウレイセン**をながめていた本物の船のほうが動かなくなります。こんなときは苫《とま》（菅《すげ》や茅《かや》を編《あ》んだむしろのようなもの）を燃《も》やして、船端《ふなばた》を照《て》らせば**ユウレイセン**は消えるといいます。

海で死んだ人の霊《れい》が**フナユウレイ**なら、幽霊《ゆうれい》の一種《いっしゅ》のようですが、いろいろなものごとや現象《げんしょう》があわさって、妖怪《ようかい》になったといえそうです。

海で死んだ人の魂《たましい》から生まれた妖怪《ようかい》のようだね。

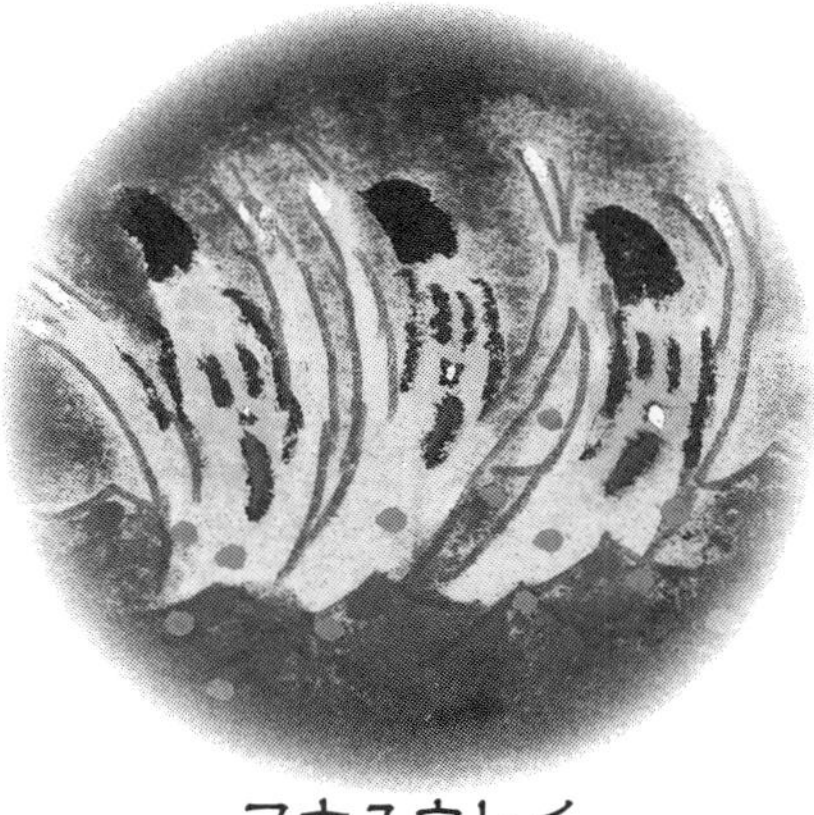
フナユウレイ

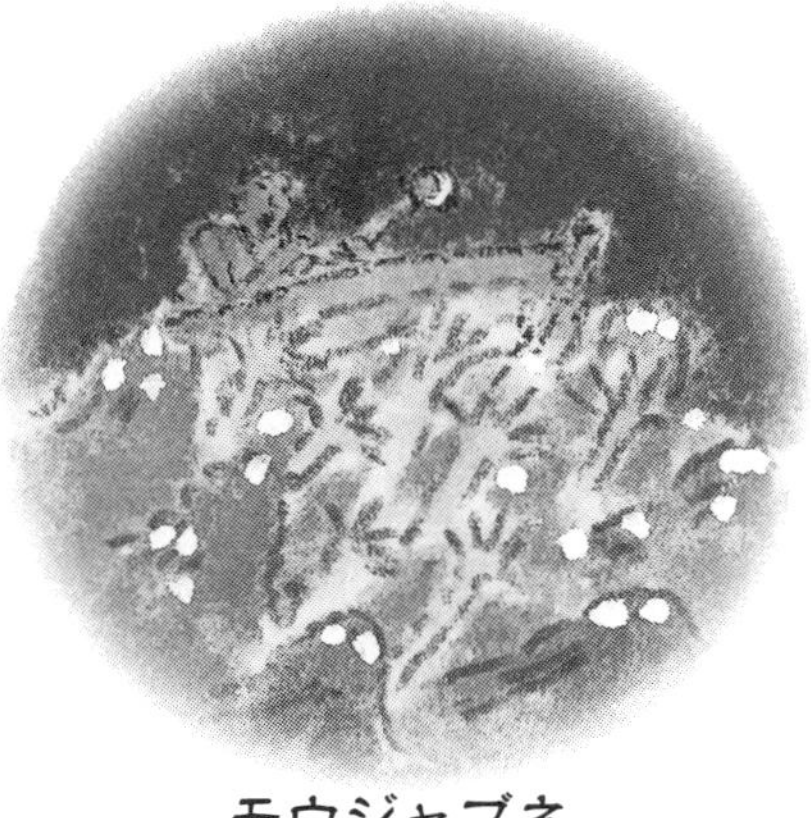
モウジャブネ

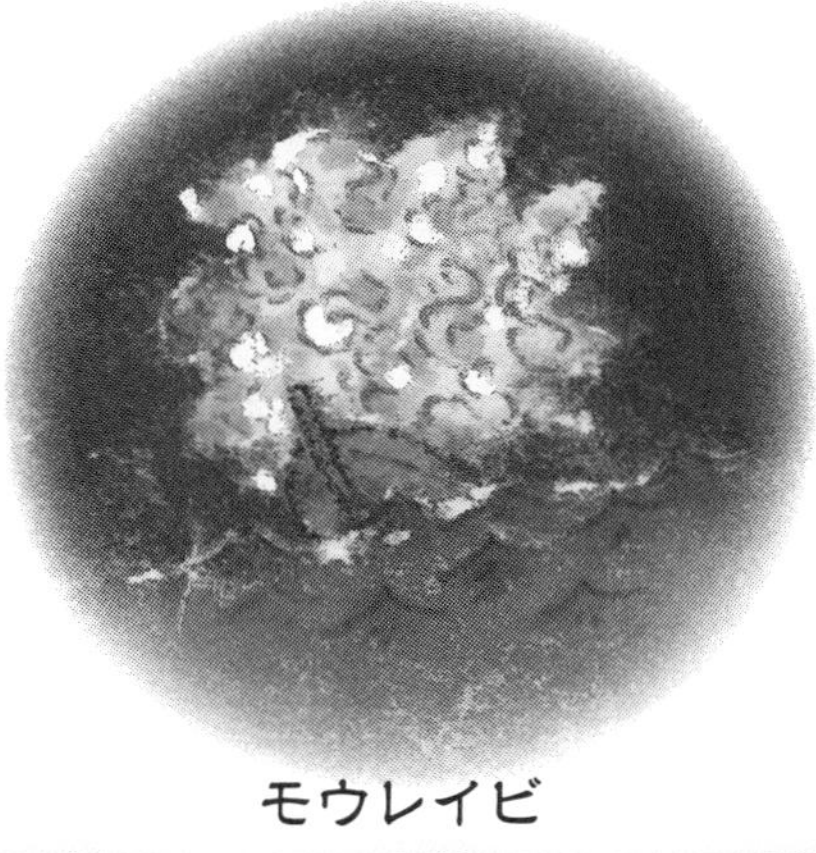
モウレイビ

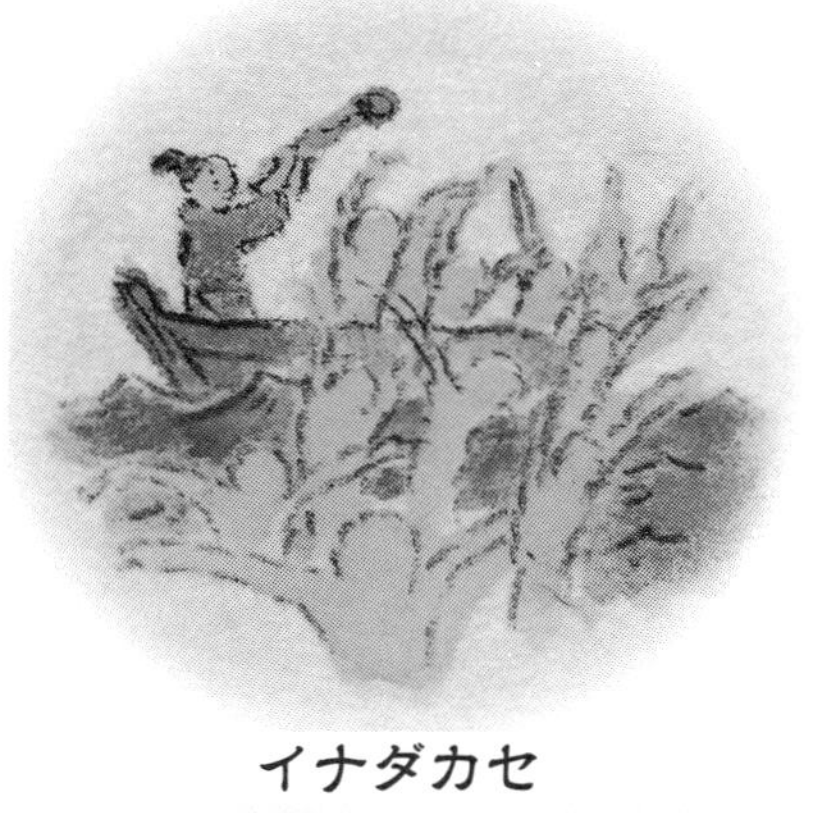
イナダカセ

Q68 ニンギョの肉を食べると死ななくなるの？

むかし、福井県小浜市《ふくいけんおばまし》に高橋権太夫《ごんだゆう》というお金持ちの商人がいました。冒険《ぼうけん》をしようと海に乗りだし、見たことのない島について、とても歓迎《かんげい》されました。

しばらく島ですごし、帰ろうとすると、おみやげにふしぎな肉をもらいました。

「これは**ニンギョ**の肉です。これを食べれば年をとらず、死ぬこともありません」

権太夫《ごんだゆう》はその肉を着物のそでに入れて、家にもどりました。

十八歳《さい》のむすめが、着物をたたもうとして、その肉を見つけました。すこし食べてみると、とてもおいしいので、一口、もう一口と、とうとうぜんぶ食べてしまいました。

むすめはそれから年をとりません。何十年たっても十八歳《さい》のままなのです。五十年もすぎれば知っている人は、みんないなくなってしまいました。

「ただ生きているのは、かなしいだけ」

そういって、むすめは髪《かみ》をきり、あまさんになって日本全国を旅してまわりました。

人びとはいつしか、八百年も生きているあまさん、という意味で「八百比丘尼《やおびくに》」とよぶようになりました。

さいごに、八百比丘尼《やおびくに》はふるさとの小《お》浜《ばま》にもどって、空印寺《くういんじ》というお寺のほらあなにこもって亡《な》くなりました。八百比《やおび》丘尼《くに》は色が白かったので「白比丘尼《しろびくに》」ともよばれました。白いツバキがすきで、いつもツバキのつえをもって旅をしたので、そうよばれたともいいます。

青森県の津軽《つがる》にでた**ニンギョ**は、とさかがあり、うろこは金色、よい香《かお》りがしたそうです。

八百歳《さい》まで生きられるよ。でもそれがしあわせかどうかは、わからないな。

ニンギョ

Q69 ニンギョって嵐《あらし》をよんでくるの？

ニンギョは腰《こし》から上が人間で、その下は魚です。

むかし、若狭国大飯郡《わかさのくにおおいぐん》（福井県）の御《み》浅嶽《せんだけ》の頂上《ちょうじょう》ふきんは、人の近よってはいけない場所とされていました。

そこにある御浅明神《みせんみょうじん》の使者は、**ニンギョ**だとされていました。いまから三百八十年ほどまえ、乙見村《おとみむら》の漁師《りょうし》が海辺《うみべ》の岩の上で、頭は人間で、えりにニワトリのとさかのような赤いひらひらがある**ニンギョ**をつかまえました。

漁師《りょうし》が櫂《かい》で打つと、死んでしまったので、海に投げすてました。そのとたん、大風がおこり、海が十七日間も荒《あ》れくるいました。そして三十日後、大地震《だいじしん》がきて、御浅嶽《みせんだけ》から海辺《うみべ》まで地面が裂《さ》け、乙《おと》見村《みむら》は地の下にのみこまれてしまいました。

沖縄県石垣島《おきなわけんいしがきじま》の野原村にも、**ニンギョ**の話があります。**ニンギョ**のことをここでは**ザン**とよんでいました。

月の明るい夜に、浜辺《はまべ》で笛をふき、歌をうたって楽しんでいると、ねしずまるころに、海岸からほそく美しい歌声が聞こえてきました。でも、それがだれの声か、だれにもわかりませんでした。

ある夏の日、**ニンギョ**が網《あみ》にかかりました。**ニンギョ**はなみだを流してこ

ういいました。

「わたしを海にはなしてください。そうしたら、海のひみつを話します」

やさしい村人たちが海にはなしてやると、**ニンギョ**はいいました。

「あしたの昼ころ、大津波《おおつなみ》がやってきます。すぐ山ににげてください」

村の人はすぐ山ににげました。ほかの村の人もさそったのですが、だれも**ニンギョ**の言葉など信《しん》じませんでした。

そしてつぎの日、ほんとうに大津波《おおつなみ》がおしよせてきたのです。野原村の人は助かりましたが、ほかの村はみんな海にのみこまれてしまいました。

あの美しい歌声は、**ニンギョ**のものだったのですね。


嵐《あらし》をよぶかはわからないけど、ニンギョは嵐《あらし》がいつくるのか知っているようだ。

ザン

Q70 首が伸《の》びたり、頭をとばす妖怪《ようかい》っているの？

首が伸《の》びる妖怪《ようかい》は、**ロクロクビ**といいます。

ねむっているあいだに首が伸《の》びるという、うわさの女がいました。男がひそかに女の寝室《しんしつ》をうかがっていると、真夜中、女の胸《むね》のあたりから白い息のようなけむりが出てきました。けむりはしだいに濃《こ》くなり、肩《かた》から上は見えないほどになったので、ふと欄間《らんま》（1）を見上げると、女の首が乗っていたのです。男が思わず声をあげると、女はねがえりをうち、けむりが消えて、首も、もとにもどりました。

ねているあいだに首が伸《の》びるので、ほとんどは自分が**ロクロクビ**だと気づいていません。

熊本県《くまもとけん》の**ロクロクビ**は、夜ごと窓《まど》の割《わ》れ目からぬけだし、朝方にもどるのですが、首が通ったあとには白い筋《すじ》が見えたということです。

首が伸《の》びて、胴体《どうたい》からはなれてとびまわるものもいます。千葉県の下総《しもうさ》から東京へ出てきて、芝《しば》の増上寺《ぞうじょうじ》で働《はたら》いていた男は、カーッとおこると首が伸《の》び、頭がぬけてとびまわったそうです。

これを**ヒトウバン**（飛頭蛮《ひとうばん》）、または**ヌケクビ**ともよび、**ロクロクビ**とはちょっとちがいます。

1 欄間《らんま》

ふすまや障子《しょうじ》の上の部分で、光や風を通すために格子《こうし》にしたり、彫《ほ》り物をした板を取りつけたところ。

甲斐《かい》（山梨県《やまなしけん》）を旅していた僧《そう》が、木こりの家に泊《と》めてもらうと、その家の五人の首が夜、ぬけてとびまわっていました。僧《そう》が体を動かしたので、もどれないと知った首が、袖《そで》にしっかりとかみつき、はなれなかったそうです。

ヌケクビのほうは、首がぬけているあいだに、体をちがう場所に移《うつ》されると、その体にもどれなくなってしまいます。首がぬけるのも命がけですね。

ねているあいだに首が伸《の》びたり、ぬけてとびまわる。伸《の》びるのをロククビ、とばすのをヒトウバンとよぶよ。

ヒトウバン

Q 71 道でばったり出会う妖怪《ようかい》って？

夕方、道を歩いていると、うしろから着物のそでを引かれました。

「おやっ」と思いふりかえると、だれもいません。

そこでまた歩きだすと、またそでを引かれます。これが**ソデヒキコゾウ**です。とてもいたずらずきな妖怪《ようかい》です。

鹿児島県《かごしまけん》大隅地方《おおすみちほう》には、**イッタンモメン**がいます。夜、一反《たん》（長さ十・六メートル、はば三十センチほど）の布《ぬの》が、ひらひらととんできて人の口をふさぎます。あるとき、武士《ぶし》がきりつけると、刀に血がついていたといいます。

福岡県《ふくおかけん》の**ヌリカベ**は夜道に出てきます。とつぜん前が壁《かべ》のようになって進めなくなります。こんなときはタバコをいっぷくすっておちついて待つか、壁《かべ》の下のほうをぼうでたたくと消えるといいます。

紀伊《きい》半島の果無山《はてなしやま》をのぼっていくと、**イッポンダタラ**とい

イッタンモメン

う妖怪《ようかい》が出ます。一本足で目が皿のように大きいといいます。山には十二月二十日にだけ出るので、この日を「果《は》ての二十日」といって、人はぜったいに山に入りません。

三重県にも**イッポンダタラ**が出ます。こちらは電信柱《でんしんばしら》に目鼻をつけたような形で、くるっくるっと、とんぼ返りをしながら行ったり来たりしますが、まっすぐにくるので、道のはしによければぶつからないそうです。

夜道を歩いていると知らないうちに髪《かみ》の毛を切られてしまいます。これは**カミキリ**に出会ったのです。

夜道といえば、一人で歩いているときに、赤い光をだしながら、コロコロころがってくる**カネダマ**がいます。ひろって床《とこ》の間《ま》にかざると大金持ちになれます。でも、その玉をきずつけると、びんぼうになって家がつぶれてしまいます。

道にはいろんな妖怪《ようかい》がでるよ。お金持ちにしてくれる妖怪《ようかい》なら会いたいね。

カネダマ

イッポンダタラ

Q72 ペアで出てくる妖怪《ようかい》っている？

ウシオニと**ヌレオンナ**の海のペアはQ93で紹介《しょうかい》します。ここでは山のペア妖《よう》怪《かい》を紹介《しょうかい》しましょう。

江戸《えど》にむかっていた二人づれの男が、諏訪湖《すわこ》の千本松原《せんぼんまつばら》のあたりで、日がくれて道にまよい、一軒《けん》のあばら家を見つけました。家ではおばあさんが麻糸《あさいと》をつむいでいて、こころよく宿を貸《か》してくれました。

一人はまもなくねてしまいましたが、もう一人はなぜかねむることができず、刀をかかえて柱にもたれ、目をつぶっていました。ふと気づくと、おばあさんは百五十センチもある舌《した》を伸《の》ばして、ねむっている男の頭をなめています。「ゴホン」とせきばらいをすると、おばあさんはなにごともなかったように麻糸《あさいと》をつむぎはじめます。

とつぜん、まどから「**シタナガババ**、なんで仕事をしない」と、声がかかりました。「おお。**シュノボン**か」と、おばあさんは答えました。その声は「てつだってやろう」といい、戸をけやぶって入ってきました。見ると顔が真っ赤で、背《せ》が二メートルもある**オニ**です。

男が刀をぬいてきりつけると、**オニ**はすっとすがたを消してしまいました。

そのすきに、おばあさんは、ねむって

いた男をひっつかみ、表にかけ出していったのです。とたんにあばら家は消え、男は荒《あ》れた野原にとり残《のこ》されているのでした。

男はしかたなく、夜明けを待ってから、近くを歩きまわりました。すると、かなりはなれた場所に、つれさられた男がガイコツになってころがっていました。肉もすっかりなめとられたのです。

シタナガババの舌《した》は、ものをとかす力があるので、ガイコツがきれいさっぱりだったのはそのせいでしょう。

ほかにも、**オオニュウドウ**と**オオオンナ**のペアもいます。**オオオンナ**がまずおどし、それでも平然《へいぜん》と通りすぎる男を、帰り道で待ちぶせて、今度は**オオニュウドウ**がおそうというものです。

ペアで出る妖怪《ようかい》はおそろしいものが多く、ほとんどが殺人《さつじん》コンビだ！

オオニュウドウ

Q73 ビンボウガミって妖怪《ようかい》なの？ 追いだす方法《ほうほう》は？

むかし、番町《ばんちょう》（東京都千代田区）に旗《はた》本《もと》がおり、そこの使用人が下総《しもうさ》（千葉県）へ行くとちゅう、四十歳《さい》くらいのお坊《ぼう》さんと知りあいになりました。青黒い顔はやせてとがり、目は深く落ちこんでいます。かなり色あせた着物をきて、頭からずだぶくろを下げています。

このお坊《ぼう》さんは、使用人がつとめている旗本《はたもと》の家から、越谷《こしがや》へ行くところだというのです。けれど、こんな人を屋敷《やしき》で見かけたことはありません。

「じょうだんをいってはいけません。わたしはあなたのお顔を知りませんよ」

すると、坊《ぼう》さんはフフンとわらっていったのです。

「わしはあの屋敷《やしき》にすみついていた**ビンボウガミ**だよ。**キュウキ**ともいう。わしがすみついてたから、あの屋敷《やしき》には幸《しあわ》せなことはなに一つなく、貧乏《びんぼう》がつのる一方だ」

使用人はおどろいて、声もありません。

「だが、あの家の貧乏《びんぼう》もきわまった。そこで、わしはほかの家に移《うつ》ることにしたのだ。これからはあの家も豊《ゆた》かになって、借金《しゃっきん》も返せるだろう」

越谷《こしがや》に着くと、坊《ぼう》さんのすがたは消えました。こののち、使用人のつかえる家は立ち直ったということです（1）。

1 話の出典《しゅってん》

この話は江戸《えど》時代の作家・滝沢馬琴《たきざわばきん》が編集《へんしゅう》した『兎園小説《とえんしょうせつ》』に載《の》っている。報告者《ほうこくしゃ》は北海道松前藩《まつまえはん》の家老《かろう》で画人・漢詩人としても有名だった蛎崎波響《かきざきはきょう》で本当にあった話だそうだ。

2 貧乏神《びんぼうがみ》を追いだす方法《ほうほう》

実際《じっさい》に明治《めいじ》10年ころまで、大阪《おおさか》の船場で月末《げつまつ》にはかならず行われた儀式《ぎしき》だ。

ビンボウガミは焼《や》きみそのにおいがすきです。そこで追いだす方法《ほうほう》(2)は、みそを焼《や》いてホットケーキのような形にし、両手でささげもつようにして、部屋をくまなくまわります。すると、においにつられた**ビンボウガミ**（もちろん目には見えないのですが）が、出てきて焼《や》きみそにしがみつきます。

そこで、二つの焼《や》きみそをぱっと重ねてとじこめたら、一目散《いちもくさん》に川まで走り、焼《や》きみそを川に流してしまえばいいのです。

キュウキ（窮鬼《きゅうき》）ともよぶので、妖怪《ようかい》の一種《いっしゅ》だろう。家にいると感じたら、がんばって追いだそう！

ビンボウガミ（キュウキ）

Q74 オイテケボリには、なにがでるの？

今でいう東京都墨田《すみだ》区《く》本所《ほんじょ》のお堀《ほり》に、近所の男が釣《つ》り糸《いと》をたれていました。この日はじつに食いつきがいい。コイ、フナ、ハヤなどがどんどん釣《つ》れます。男は夢中《むちゅう》になりました。ふと気がつけば、浮《う》きもはっきり見えないほどの時間になっています。

　水につけておいた魚かごを上げてみると、はちきれそうなほどの収獲《しゅうかく》です。帰ろうとすると、どこからか、

「おいてけエ、おいてけエ」

という声。見回しても、だれもいません。おかしなこともあるものだと、歩きだそうとすると、またあの声が……。

「なにをいう。ほしけりゃあ自分で釣《つ》ればいいんだ」

　見えない相手に向かってどなると、男はとたんに頭が重くなり、なにもわからなくなってしまいました。つぎの朝になると、魚かごは、からっぽになっていたというのです。

　これが**オイテケボリ**の話です。**オイテケボリ**（地図❷）は、本所七不思議《ほんじょななふしぎ》の一つとして、江戸《えど》では知らない人がいないくらい有名でした。ほかに「片方《かたほう》だけ葉がつく**カタハノアシ**❶」「どこまでいってもちらちらと灯《あか》りが見える**オクリチョウチン**❸」「ぜったいに消えない**キエズノアンドン**❹」「天井《てんじょう》から大足が

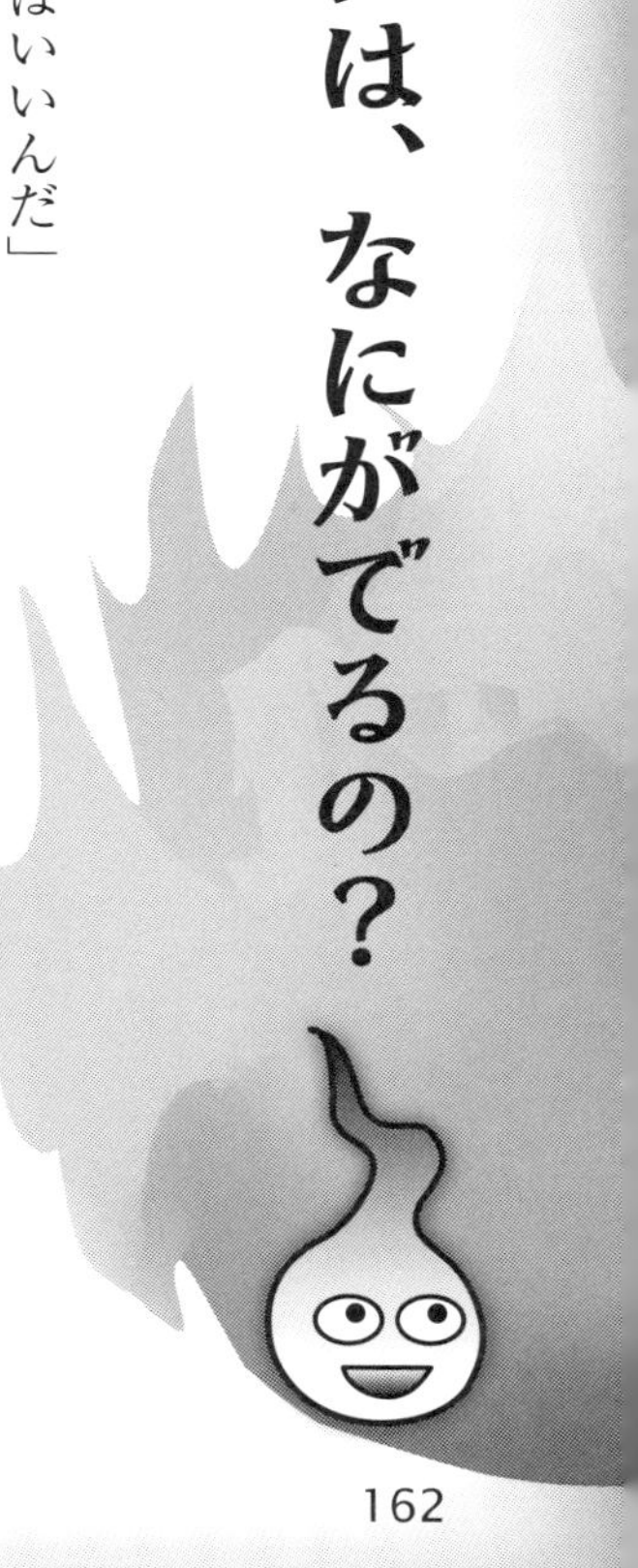

おりてくる**テンジョウノオオアシ**❺」「どこからともなく聞こえてくる**タヌキバヤシ**❻」「落葉しない**シイノキ**❼」があります。「津軽《つがる》の太鼓《たいこ》❽」と「送り拍子《ひょうし》木《ぎ》❾」が入ることもあります。

正体はわからない。なので七不《ななふ》思議《しぎ》の一つに入っているんだよ。

オイテケボリ

本所七不思議《ほんじょななふしぎ》の地図

Q75 ザシキワラシって、どんな家にでるの？

旅の人が古い大きな家に泊《と》めてもらったときです。真夜中、トタトタトタという小さな足音が聞こえました。まもなく、むねの上になにかが乗ったように重くなり、朝起きてみると、まくらが、ねたときとは反対がわに置かれていました。

ザシキワラシは、こんないたずらをします。ほかに、夜中に仏壇《ぶつだん》のかねを鳴らしたり、ねている人のふところに入って、くすぐったりもします。

ふつうはすがたが見えないのですが、見たという人は三歳《さい》くらいの子どもだとか、おとなと同じようだったといいます。男も女もいます。

ザシキワラシは古いゆたかな家にすみついていています。**ザシキワラシ**がすんでいる家はゆたかになりますが、出ていくとまずしくなるのです。

すこしむかし、古い家に二人の**ザシキワラシ**がすんでいました。ある年、ひとりの男が町はずれの橋のたもとで、会ったことがない二人のむすめと出会いました。なにか心配ごとでもしているようすなので、声をかけてみました。

「どうしたんだい」

むすめの一人が答えました。

「わたしたちは、あのゆたかな家に長く

1 クラボッコ

クラボッコは倉《くら》を守る妖怪《ようかい》、スミボッコは家のすみにいる。ザシキボッコは坊主頭《ぼうずあたま》で丸い顔のおばあさん、ザシキボウズも坊主頭《ぼうずあたま》で枕返《まくらかえ》しをする。

すんでいたのです。でも、その家がまもなくだめになるとわかったので、べつの村の家に行くところなのです」

まもなく、むすめがすんでいたというゆたかな家の人たちは、どくキノコにあたってみんな死んでしまったのでした。

このむすめたちも**ザシキワラシ**なのです。

ザシキワラシは**クラボッコ**(1)、**ザシキボッコ**などともよばれています。

岩手県遠野市には、**ザシキワラシ**がすむという家が何軒《なんけん》も残《のこ》っています。

古くて豊かな家にでる。岩手県遠野市には「ザシキワラシの出る宿」があるよ。

ザシキワラシ

Q76 お寺にでる妖怪《ようかい》っているの？

いまの山梨市《やまなしし》万力《まんりき》にある長源寺《ちょうげんじ》は、むかしさびしい森の中にたっていました。

このお寺では、お坊《ぼう》さんがつぎつぎと行方不明《ゆくえふめい》になって、近づく人もいなくなっていました。

あるとき、旅のお坊《ぼう》さんがやってきました。

「あの寺にはあやしいものがすんでいるのだろう。わしが正体をつきとめよう」

お坊《ぼう》さんはそういって、止める人たちをふりきって、一人でお寺に泊《と》まりました。

ま夜中、背《せ》たけが三メートルもある坊主《ぼうず》があらわれて問いかけてきました。

「両足八足大足二足、横行自在《おうこうじざい》また両目は天を指《さ》す、これはいかに」

足が八本、大きな足が二本あって、横歩きがとくいで、二つの目は天を向いているものはなにか、という意味です。

「それはカニじゃ！」

そうさけぶと、おぼうさんは手にしていた独鈷《どっこ》を投げつけました。独鈷《どっこ》は両はしがとがった金属製《きんぞくせい》のぼうです。独鈷《どっこ》は坊主《ぼうず》の背中《せなか》につきささりました。

つぎの朝、みんなで血のあとをたどっていくと、こうらがたたみ四枚《まい》ほどもある**バケガニ**が死んでいました。長源寺《ちょうげんじ》にはいまも、**バケガニ**のつめあとが二つついた石が残《のこ》っています。

いまから九百四十年ほどまえ、頼豪《らいごう》という園城寺《おんじょうじ》のお坊《ぼう》さんが、天皇《てんのう》のために、あとつぎの男の子が生まれるようにと、命をかけていのりました。ぶじ皇子《おうじ》が誕生《たんじょう》したのですが、天皇《てんのう》は、園城寺《おんじょうじ》の位《くらい》をあげるというやくそくをやぶったのです。大きな力のある延暦寺《えんりゃくじ》が猛反対《もうはんたい》したからです。頼豪《らいごう》は怒《おこ》り、餓死《がし》しました。死ぬとき、頼豪《らいごう》の口から八万三千ひきの鉄の爪《つめ》と石の体をもった大ネズミがとびだし、延暦寺《えんりゃくじ》の仏像《ぶつぞう》や教典《きょうてん》を食い荒《あ》らしました。人びとはこれを「**テッソ**」とよんで、とてもおそれたといわれます。

お寺は妖怪《ようかい》スポットだ！　坊《ぼう》さんの妖怪《ようかい》も多いし、墓地《ぼち》も近くにあるからね。

テッソ

バケガニ

Q77 火の玉って妖怪《ようかい》なの？

有明海《ありあけかい》や八代海《やつしろかい》にあらわれるふしぎな火が**シラヌイ**です。月のない、海のおだやかなとき、六月三十日と十二月三十一日の午前一時ごろに、海上にたくさんの火がならびます。

八代市《やつしろし》あたりでは七月三十一日にかぎられるといわれ、人びとは山にのぼって小さな小屋をつくり、お酒をのんだりしながら**シラヌイ**があらわれるのを待ったといいます。柳川市《やながわし》ふきんでは十二月三十一日に海岸に集まり、火をたいて**シラヌイ**を待ち、年明けをいわいます。

そんなふしぎな火もありますが、体からぬけだしたタマシイが**火の玉**になったのが、**ヒトダマ**です。**ヒトダマ**は人が死ぬ何日かまえに、体からぬけだすと考えられていました。

ケチビは、人の怨霊《おんりょう》が**火の玉**になったもので、竹の皮であんだぞうりを三回たたいてよべば、よってきます。

ジャンジャンビは、ジャンジャンと音をさせながらとぶめずらしい**火の玉**で、二つの玉がとんでもつれあいます。これが出たときは頭を下げて、見てはいけません。

ワタリビシャクは、ひしゃくの形をした青白い**火の玉**で、ふわふわと、とんできます。

テンコロバシは、雨のふる夜に坂道にでます。まるくて大きなものが光ってぐるぐるまわりながら、坂をのぼったりおりたりします。

火の玉は、全国各地《かくち》で「見た！」という目撃情報《もくげきじょうほう》があります。

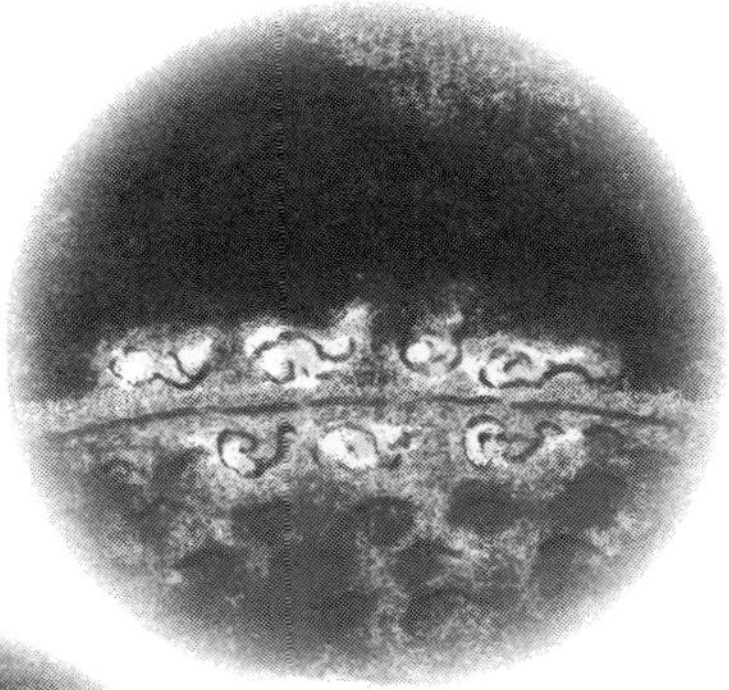
シラヌイ

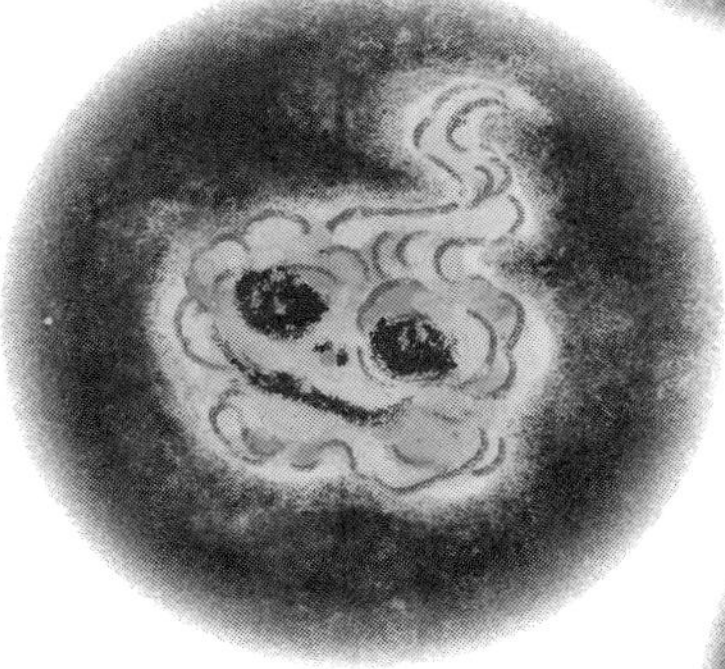
ケチビ

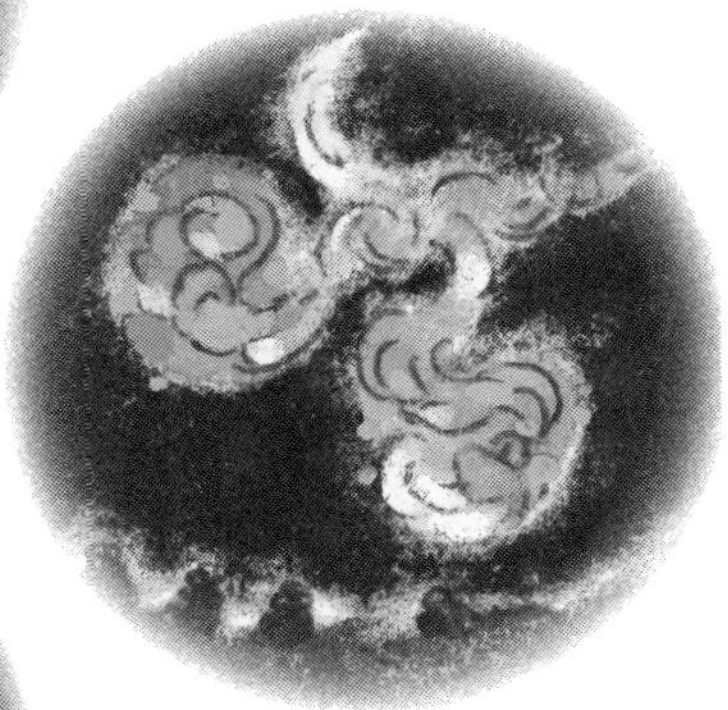
ジャンジャンビ

ふしぎな火の玉は妖怪《ようかい》といっていい。光る妖怪《ようかい》けっこう多いんだよ。

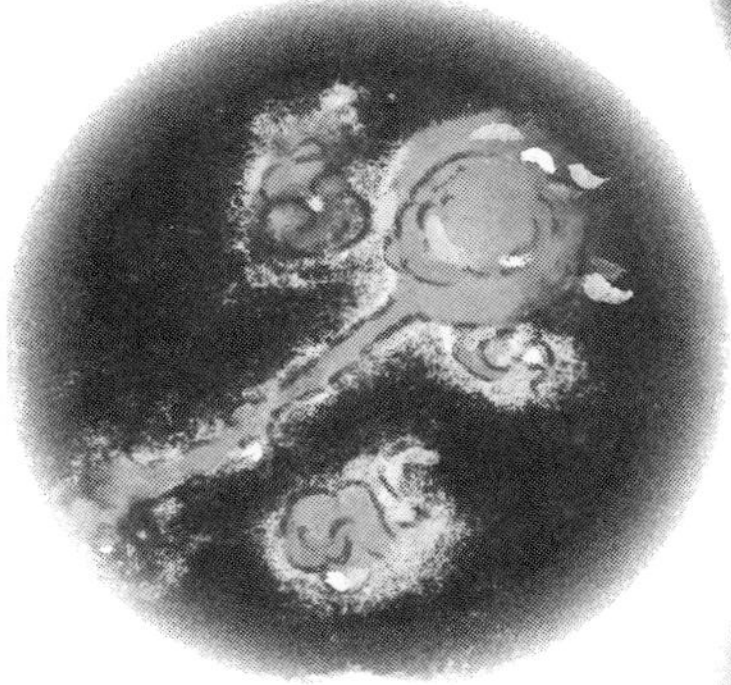
ワタリビシャク

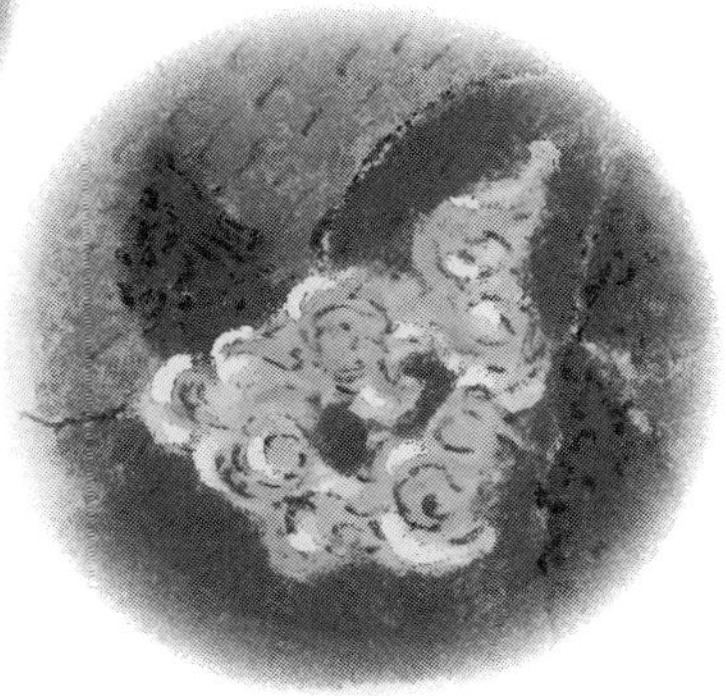
テンコロバシ

妖怪日和《ようかいびより》

「おや、わたしにぴったりの家だね」
すめば都《みやこ》。**ケラケラオンナ**の新住居《しんじゅうきょ》。

5章　動物や植物の妖怪《ようかい》たち

Q 78 キツネは女の人に化《ば》けるのがとくいなの？

ある夕ぐれ、京のはずれを侍《さむらい》がウマに乗って道をいそいでいると、かわいい女の子が出てきて、「都《みやこ》まで乗せていって」と、たのみます。「いいぞ」と乗せてやると、うれしそうにウマのおしりにすわりましたが、しばらく行くと、コンコンと鳴いてすがたを消しました。

こんなことがときどきあったので、ある時、侍《さむらい》は女の子を自分の体にしばりつけて家まで運びました。そして、おしおきをしてから放《はな》してやりましたが、十日もするとまた出てきました。「乗るか？」と聞くと「馬はすきですが、おしおきがこわい」と、去っていったということです。

またある夏の朝早く、篠崎《しのざき》（いまの東京都江戸川区《えどがわく》）を、男が塩魚《しおざかな》を売りながら歩いていると、四ひきの**白キツネ**がゆったりとねていました。

「いつも、おれの魚をぬすむのはこいつらだな」

男はそっと近よると、いきなり「ワッ」と大声をあげました。**キツネ**たちはおどろいてにげていきました。しばらく行くと、きゅうに天気がわるくなり、ひどい雨風になりました。男はあわてて知りあいの家にかけこみますと、その家では、亡《な》くなった奥《おく》さんの葬式《そうしき》の用意をしていました。しばらくすると、亡《な》くなった奥《おく》

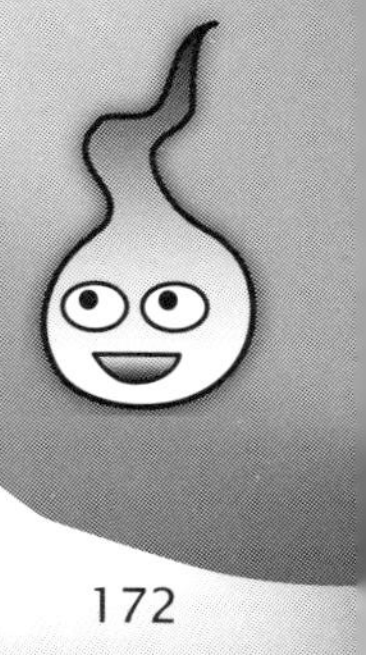

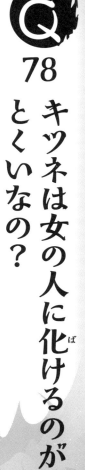

さんがユウレイになって出てきて、いきなりうでにかみつきました。

「いたい、いたい。はなせーっ」

男が大さわぎしていると、いきなり頭から水をかけられました。

そこは土手の上で、男は一人でのぼったりおりたりして、さわいでいたのです。

水をかけた人はわらって、いいました。

「**キツネ**に化《ば》かされていたな」

でも、かまれたうでは、いつまでもいたかったそうです。


女の子からユウレイまで、キツネは女の人に化《ば》けるのがとくい。そのまま、人間の男と結婚《けっこん》したキツネもいるよ。

オナバケイナリ

Q79 キツネノヨメイリって、天気と関係があるの？

「**キツネノヨメイリ**」といえば、お天気がよいのに雨がふる「天気雨《てんきあめ》」のことをいいます。**キツネ**が化《ば》かしたような天気ということなのでしょう。では、実際《じっさい》の**キツネノヨメイリ**を紹介《しょうかい》しましょう。

上州《じょうしゅう》（群馬県《ぐんまけん》）の商人二人が、近くの村で仕事をして、日がくれるころ田んぼの道を歩いていると、はるかむこうから、三百ほどの提灯《ちょうちん》が近づいてきます。

「こんなところに、なんの行列だろう」

二人は高い場所に移動《いどう》して、行列を見物することにしました。お供《とも》の人、駕籠《かご》をかつぐ人、どこかの大名のむすめの嫁《よめ》入《い》り行例のようです。ただ、提灯《ちょうちん》についているはずの武家《ぶけ》の紋所《もんどころ》がなく、明かりもロウソクとはちがい、ただポッと赤くみえます（1）。行列は田んぼの道を静《しず》かに進み、林の中に入って消えました。

これが**キツネノヨメイリ**です。

江戸《えど》の本多という武家屋敷《ぶけやしき》でも、**キツネノヨメイリ**がありました。

その日、屋敷《やしき》の近所では、「今夜、婚《こん》礼《れい》があるらしい」とうわさが流れました。

やがて夕ぐれになると、たくさんの道《どう》具類《ぐるい》が屋敷《やしき》に運びこまれました。武士《ぶし》から門番まで、いそがしそうに働《はたら》いています。真夜中になると、ようやく嫁入《よめい》りの行列がやってきました。数十の提灯《ちょうちん》、りっ

1 キツネ火

これはキツネ火で、口から吐《は》く息が光る、尾《お》を打ち合わせて火をともす、馬の骨《ほね》をくわえて火をともす、キツネのもっている玉が光るともいわれる。

ぱな駕籠《かご》、その駕籠《かご》の前後に数十人のお供《とも》がいて、静《しず》かに屋敷《やしき》に入っていきました。

となりの屋敷《やしき》では、首をひねりました。本多家には結婚《けっこん》する若い男がいないからです。つぎの朝、本多家に行くと、嫁入《よめい》りのことなどいっさい知りませんでした。

いったい、**キツネ**はだれに嫁入《よめい》りしたのでしょうか……。

キツネノヨメイリを見た、という話は全国にあるよ。天気雨がふったら、気をつけて見てごらん。

ウコンサコン

Q80 勉強がすきなキツネがいたの？

東京都文京区にある沢蔵主稲荷《たくぞうすいなり》には、こんな話がつたわっています。

むかし、京都のえらいお坊《ぼう》さんが伝通院《でんつういん》（小石川《こいしかわ》にある寺）へ来るとちゅう、**ハクゾウ**（伯蔵《はくぞう》）というお坊《ぼう》さんと知りあいました。**ハクゾウ**はいっしょに伝通院《でんつういん》にきて、勉強するようになりました。

寺では法問《ほうもん》といって、毎月、仏教《ぶっきょう》をどこまで理解《りかい》できたかを調べる試験《しけん》があります。**ハクゾウ**は、なぜか出る問題がわかっていて、いつもいい点をとりました。

「**ハクゾウ**はただものではない。きっとえらいお坊《ぼう》さんになるだろう」

まわりの人たちはそう思い、期待もしていたのです。

ところがある日、**ハクゾウ**はぐっすりねている時、うっかりしっぽを出してしまいました。**ハクゾウ**は**キツネ**だったのです。

正体がばれたのですがたを消したのですが、夜になると、修行《しゅぎょう》するお坊《ぼう》さんたちの寮《りょう》の外にあらわれて、説教《せっきょう》をしたといいます。

たいへんな勉強ずきで、本を一箱も書きました。寺では人に貸《か》して写させたりしていましたが、それは人間の字とはちがったといいます。

人びとは寺の裏手《うらて》に**ハクゾウ**をまつりました。これが沢蔵主稲荷《たくぞうすいなり》です。
房総飯高檀林《ぼうそういいだかだんりん》（千葉県旭市《あさひし》）の境内《けいだい》にすみついていた**デンパチ**（伝八《でんぱち》）という**キツネ**は、学問をしたくなり、若者《わかもの》に化《ば》けて十年間、だれよりも熱心《ねっしん》に勉強しました。でも、卒業式《そつぎょうしき》にお酒をのんで、正体をあらわしてしまったそうです。
ほかにも岐阜県《ぎふけん》の**ヤジロウギツネ**、群馬県《ぐんまけん》の**コウアンギツネ**も、坊《ぼう》さんに化《ば》けて勉強しました。

キツネはお坊《ぼう》さんに化《ば》けて勉強をする。人間より頭がいいらしいよ。

デンパチギツネ

Q 81 タヌキはなぜ腹《はら》つづみを打つの？

証誠寺《しょうじょうじ》（千葉県木更津市《きさらづし》）の**タヌキ**たちは、秋の夜になると、寺の庭に集まって、腹《はら》つづみを打って、おどっていました。

そこで三味線《しゃみせん》のすきなおしょうも、負けずと出ていって、打ち鳴らしました。

「**タヌキ**に負けるな」「おしょうさんに負けるな」と、夜通し、大さわぎです。

それが何晩《なんばん》かつづくと、**タヌキ**は出てこなくなりました。

そんなある日、おしょうさんは、寺の庭で腹《はら》がやぶけて死んだ大**ダヌキ**を見つけました。腹《はら》つづみを打ちすぎたのです。おしょうさんは、**タヌキ**を寺でとむらってやりました。

箱根の山にある寺では、夜ごと**タヌキ**の腹《はら》つづみの音がひびくので、月の明るい晩《ばん》に、寺の人が戸のすきまから庭をのぞきました。

すると、メスとオスが出てきて、遊びはじめました。二ひきが、とびかいながら腹《はら》を打ち合わせると、つづみの音がひびいたということです。

タヌキが腹《はら》つづみを打つのは、自分たちが楽しむためだとか、人をだますためだとかいわれますが、よくわかりません。

四国には**タヌキ**の話がたくさんありますが、村はずれで人間が芝居《しばい》をすると、

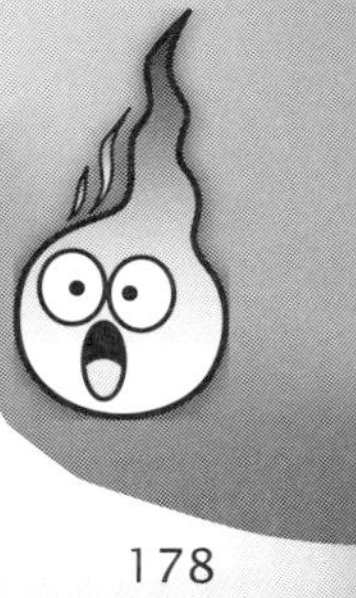

つぎの日には、**タヌキ**たちが集まって、三味線《しゃみせん》や太鼓《たいこ》の音をそっくりまねます。

ペンペン、ドンチャンとにぎやかな音が聞こえるのですが、そこへ行ってもだれもいません。これを、**タヌキノシバイ**といいます。

江戸《えど》でも、江戸城《えどじょう》でお能《のう》があったつぎの日は、鼓《つづみ》や太鼓《たいこ》、笛の音まで**タヌキ**たちがまねをしたといいます。

タヌキたちは、にぎやかで楽しいことがすきなのですね。

タヌキは楽しくてにぎやかなことがすき。腹《はら》つづみだけでなく、太鼓《たいこ》や笛の音も出せるらしいよ。

タヌキバヤシ

Q82 タヌキオショウってほんとうにいたの？

いまの東京都国分寺市の名主《なぬし》の家に、京都の大徳寺《だいとくじ》から来たというお坊《ぼう》さんが泊《と》まりました。当時の国分寺は田舎《いなか》だったので、「こんなところにえらいおしょうさんがよく来てくれた」と大歓迎《だいかんげい》です。けれど、お坊《ぼう》さんは、「いまは無言《むごん》の修行中《しゅぎょうちゅう》」だといって、用事はすべて紙に書いて、一言も話しません。

ある日、名主《なぬし》の家を出たときに、犬にかみつかれると、**タヌキ**の正体をあらわしました。

千葉県香取郡《かとりぐん》の代官屋敷《だいかんやしき》の天井《てんじょう》に、**タヌキ**がすみつきました。お坊《ぼう》さんのすがたをしていて、習字がとてもじょうずだというので、人が集まってきました。

紙と墨《すみ》をふくませた筆を置いておくと、まもなく筆と紙は天井《てんじょう》に舞《ま》いあがり、「鶴亀《つるかめ》」とか「松竹《しょうちく》」というおめでたい字に、「田《た》ぬき百八歳《さい》」という名前が書かれていました。この書は、病気災《さい》難《なん》よけに効果《こうか》があると評判《ひょうばん》になり、人が後から後から集まってきました。

代官《だいかん》とも仲《なか》がよくなって、ある時、「何月何日に大勢《おおぜい》の客がくることになっている。おまえの力でおもしろいものを見せてくれないか」と、**タヌキ**にたのみました。

さて、その日になり、客たちは酒をの

みながら待っていると、午後四時ころ、庭に市場があらわれたのです。たくさんの物売りの店がならび、買い物客や商人があちらこちらからやってきます。ゆであがったタコの色が、あざやかです。「ほう」と、人びとは感心することしきりでした。それは近くで立つ市に、そっくりだったということです。

代官所《だいかんしょ》ではあまりの評判《ひょうばん》に、紹介《しょうかい》のない人は、**タヌキ**と会わせなかったといいます。

タヌキオショウは字が上手。そのうえサービス上手だけど、犬には弱いようだ。

タヌキオショウ

Q83 タヌキの八畳敷《はちじょうじ》きってなに？

マメダヌキ、または**マメダ**は、小さいイヌくらいの大きさで、頭がよく、人と話をすることもできます。おもに西日本にいて、広島県などでは古い屋敷《やしき》にすんでいます。

この**マメダ**が、股《また》のあいだにさがっている陰嚢《いんのう》に息をふきかけて、たたみ八枚《まい》（八畳《じょう》じき）もの広さにひろげられるのです。これを座敷《ざしき》に見せかけたり、頭にかぶって、人をおどろかすというわけです。

三百年以上《いじょう》もむかしのこと、俳句《はいく》をつくる魯山《ろざん》という人が、修行《しゅぎょう》の旅をしていました。

日向国《ひゅうがのくに》（宮崎県《みやざきけん》）高千穂《たかちほ》で、おなじく俳句《はいく》をつくる人と知り合いになって、「今夜はぜひわたしの家に泊《と》まってください」といわれ、お世話になることにしました。

家に着くと、八畳《じょう》の部屋に通され、たくさんのごちそうをふるまわれました。

食後、一服《いっぷく》しようと、魯山《ろざん》は荷物から火打ち石を出し、タバコに火をつけました。一服《いっぷく》すいおわったとき、灰《はい》をたたみの上に落としてしまいました。そのとたん、たたみは一気にまくれ上がり、魯山《ろざん》はあおむけにひっくりかえされてしまいました。

気がつくと、家は消えて、野原の中になげだされていたのです。つまり、八畳《じょう》の部屋のたたみは、**マメダ**が広げた陰《いん》嚢《のう》だったというわけです。

雨の日、**マメダ**は広げた陰嚢《いんのう》を頭にかぶり、右手に酒をいれるとっくりをさげて、酒屋に通うといいます。

酒屋についたら人間に変身《へんしん》するのでしょうか。

船の帆《ほ》にしたり、魚をつかまえたり、かぶって暖《あたた》まったり……。タヌキの八畳敷《じょうじ》きはユーモラスでみんなを楽しませてきたよ。

マメダヌキ

Q84 タヌキとキツネの化《ば》かしあい、どちらが勝つ？

むかしから「**キツネ**七化《ななば》け、**タヌキ**八化《やば》け」といいます。

キツネが化《ば》けるのは人間が主ですが、**タヌキ**は自然のどんなものにでも化《ば》けられるようで、ここから八化《やば》けという言葉も出てきたのでしょう。

キツネはよく女の人に化《ば》けますが、**タヌキ**は小僧《こぞう》、一つ目、おしょう、分福《ぶんぶく》茶釜《ちゃがま》、建造物《けんぞうぶつ》など、どちらかというと男性的《せいてき》なものに化《ば》けます。**キツネ**のようなすごみはないのですが、**タヌキ**のほうがおもしろさでは上でしょう。

キツネは「化《ば》ける、だます、人に憑《つ》く」という三役をこなしますが、**タヌキ**は書画が得意《とくい》で勉強家、よく僧《そう》に化《ば》けるほど教養《きょうよう》があります。

キツネは大名行列にも化《ば》けてみせますが、**タヌキ**はその点のスケールが小さいようです。

ただ、佐渡《さど》の「二《ふた》つ岩《いわ》の弾三郎《だんざぶろう》」という**タヌキ**は、大金持ちで、人間相手に金《かね》貸《か》しまでやっていたほどです。

キツネが女の人に化《ば》けて人間と結婚《けっこん》した話はたくさんあります。

平安時代の陰陽師《おんみょうじ》安倍晴明《あべのせいめい》は、**クズノハ**という**キツネ**の子だったとつたえられています。

また、**タヌキ**が、ある寺で仏像《ぶつぞう》の中に

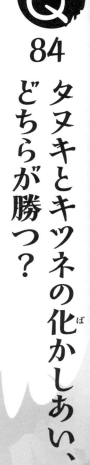

入りこみ、あたかも仏像《ぶつぞう》がしゃべったかのように話して、人びとに感動の涙《なみだ》を流させたというたずらは、**タヌキ**ならではでしょう。

キツネ、**タヌキ**とも人間に受けた恩《おん》のため、命もかけることがあります。どちらも人間との縁《えん》は深いのです。

さて、勝負は？　やはり化《ば》かすは**キツネ**、化《ば》けるは**タヌキ**となるでしょう。

両方ともそうとうな化《ば》け手。スケールでキツネ、技《わざ》でタヌキか。

キンペイギツネ

マメダヌキ

Q 85 どんなネコがバケネコになるの？

江戸《えど》時代は**バケネコ**が大活躍《だいかつやく》しました。まったく、全国ネコだらけと思えるほど、ネコにまつわる話が多くつたわっています。

江戸《えど》も中期ごろ、東京都新宿区の寺での話です。寺の飼《か》いネコがハトをねらっているのを見たおしょうは、「寺で殺生《せっしょう》はいけない」と、ハトに声をかけて、にがしてやりました。

とたんにネコが、「残念《ざんねん》なり！」としゃべったのです。おどろいたおしょうは、ネコをつかまえ、小刀をつきつけ、

「お前は**バケネコ**か？　いったんしゃべったからには素直《すなお》に答えよ」

と、せまりました。ネコは答えました。

「ネコが話をするのは、わたしだけのことではありません。おおよそ十歳《さい》ともなれば、どんなネコでも話ができるのです。それから十四、五年もたてば神通力《じんつうりき》も使えます」

「しかし、お前はまだ十歳《さい》にはなっていないだろう」

「わたしは、ネコとキツネの間に生まれたので、早く人間の言葉を話せるのです」

と説明《せつめい》しました。

ネコが年をとると、しっぽが二つに割《わ》れて「**ネコマタ**」とよばれるようになります。

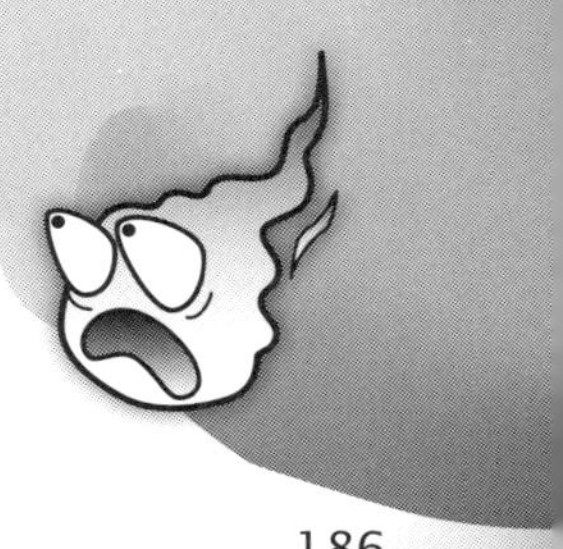

四国の山の中で猟《りょう》をしていた男が、夜、十五、六歳《さい》の少女に出会いました。いっしょに山小屋にとまると、丑三《うしみ》つ時《どき》（午前二時ごろ）に少女の顔が変《か》わってきました。目が大きくなり、口は耳まででさけて、身長が二メートルにもなったのです。猟師《りょうし》が山刀で退治《たいじ》しようとすると、尾《お》が二つに割《わ》れた**ネコマタ**で、山奥《やまおく》へとにげていきました。

ネコマタ

百年以上生きているネコは、死んだ人をさらっていく、**マドウクシャ**という妖怪《ようかい》になるといいます。

長生きしているネコをよく観《かん》察《さつ》してみよう。人間の言葉がわかっているかもしれないよ。

マドウクシャ

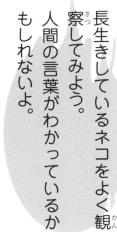

Q86 バケネコって、おどりがすきなの？

東海道五十三次《つぎ》の戸塚宿《とつかじゅく》（神奈川県横《かながわけんよこ》浜市《はまし》）の醤油屋《しょうゆや》で、夜になると手ぬぐいが一本ずつなくなることがありました。

ある夜、醤油屋《しょうゆや》の主人が、あき地をとおりかかると、にぎやかな音楽が聞こえてきました。見ると、**ネコ**たちが集まって、手ぬぐいをかぶっておどっていたのです。

この場所は踊場《おどりば》駅として名まえを残しました。

同じく江戸《えど》時代の終わりころです。

あるお店で、いつも手ぬぐいがなくなります。どうも家で飼《か》っている**ネコ**のようすがおかしいと、ある夜、店の主人はねむったふりをして、**ネコ**のようすをうかがっていました。すると、ほしてあった手ぬぐいをさっとつかみ、**ネコ**が家をとびだしていきました。主人は、すぐにあとをおいかけました。

町はずれの広場には、町中の**ネコ**が集まっていました。

「なんだ、今日はずいぶんおそかったじゃないか」

店の**ネコ**に声がかかりました。

「ああ、じつはな、今日、夕ごはんにおじやを食べさせられたんだ。おかげで口の中をやけどして、おそくなったんだ」

「それは災難《さいなん》だったな」

ネコはネコ舌《じた》といって、熱《あつ》いものはにがてなのです。
それから**ネコ**たちは輪《わ》になり、手ぬぐいを頭にかぶっておどりだしました。
店の主人は家にもどり、**ネコ**がもどってくるとわけをたずねました。
ネコは、
「あれがわたしたちの一番の楽しみなのです」
そう答えると、店を出ていき、二度ともどってきませんでした。

手ぬぐいを使って、集まっておどるんだ。ネコのおどり、見てみたいよね。

カブソ

Q87 「ネコの恩返《おんがえ》し」ってあるの？

今から百五十年ほどまえ、江戸《えど》の町に時田喜三郎《きさぶろう》という両替商《りょうがえしょう》がいました。

この家の**ネコ**は、魚屋が、来るたびに魚をくれるので、魚屋の声がするとまっ先にとびだしていきました。

ところが、魚屋は病気になって長いことねつき、たくわえておいたお金もつきてこまっていました。すると、だれかがこっそり、紙に包《つつ》んだお金を置《お》いていったのです。

おかげで病気もなおり、魚屋はひさしぶりに時田の家をたずねました。けれど、いつもはまっ先にとびだしてくる**ネコ**のすがたがありません。

「あの**ネコ**はどうしたのです？」

とたずねると、

「あいつは二度も金をくわえてにげだしたんだ。その前に二両《りょう》の金がなくなったことがあって、殺《ころ》してしまったよ」

これを聞いた魚屋は、涙《なみだ》を流して、これまでのことを話しました。そして、金を包《つつ》んでいた紙を出したところ、そこには「時田」の字が書いてあったのです。

「あの**ネコ**は、日ごろ魚をくれるお礼《れい》にと、おまえの所に金を運んだにちがいない」

時田はそういうと、**ネコ**がくわえていこうとした二度の金を、「**ネコ**の志《こころざし》だか

ら」と魚屋にわたしました。魚屋は、回《え》向院《こういん》に墓《はか》を建《た》てて、ネコに「徳善畜男《とくぜんちくなん》」という戒名《かいみょう》をつけてやりました。

この墓《はか》はいまも回向院《えこういん》（墨田区《すみだく》）にあります。ただ、なにぶん古いので戒名《かいみょう》はもう読めません。回向院《えこういん》ではこの墓《はか》を「小判《こばん》ネコの墓《はか》」とよんでいます。

また、まずしくなった飼《か》い主のため、毎晩《まいばん》あんまさんに変身《へんしん》して小銭《こぜに》をかせぎ、枕元《まくらもと》に運んでいたというネコが静岡《しずおか》県《けん》にいたそうです。

鳥取県の転法輪寺《てんぽうりんじ》では、かわいがられていた**ネコ**が、恩返《おんがえ》しをするために**バケネコ**になり、お金持ちのむすめの葬式《そうしき》に嵐《あらし》をおこし、自分のいた寺のおしょうに嵐《あらし》をおさめさせ、お礼がたっぷり入るようにしたということです。

ネコは自分勝手というけれど、人間に恩返《おんがえ》しをした話はたくさん残《のこ》っているよ。

ネコダンカ

Q 88 ヤマネコって妖怪《ようかい》なの？

宮城県牡鹿半島《みやぎけんおしかはんとう》の沖《おき》に、人よりネコのほうが多くすむ田代島《たしろじま》があります。そこから四キロほどはなれた網地島《あじしま》は、**ヤマネコ**の島といわれます。

秋の夕ぐれ、ひとりの紳士《しんし》が田代島《たしろじま》の漁師《りょうし》の家にかけこんできました。

「網地島《あじしま》にいきたい。船を出してくれ」

「すぐ日がくれるし、波も高いからむりです」

「いつもの三倍のお金を出すから」

と紳士《しんし》がいうので、漁師《りょうし》は船を出し、なんとか網地島《あじしま》までこぎつきました。紳士《しんし》はよろこんで、やくそくのお金をわたし、さっと暗闇《くらやみ》に消えていきました。

漁師《りょうし》は、その夜は網地島《あじしま》に泊《と》まり、朝になって宿屋にお金をはらおうとすると、お金は木の葉にかわっていました。おどろく漁師《りょうし》に、宿のおかみさんはいいました。

「ああ、また**ヤマネコ**さまにやられたね」

網地島《あじしま》で**ヤマネコ**のすがたを見たという人はほとんどいません。もし、見ても人に語ってはならないしきたりなのですが、足あとは犬の倍ほどもあるといいます。

田代島《たしろじま》にはネコ神社があって、ネコがまつられています。網地島《あじしま》の**ヤマネコ**はこの島から渡《わた》ってきたといわれています。

ある男は、対岸の鮎川《あゆかわ》という町に行った帰り、ほろ酔《よ》い気分でウマに乗っていると、島で見たこともないきれいなむすめに出会いました。声をかけて、家まで送りとどけることにしたのですが、夜明けになって、男はボロボロになった着物を着てたおれていました。一晩中《ひとばんじゅう》、島を引き回されたのです。

これも**ヤマネコ**のいたずらだったにちがいありません。

ヤマネコは、いたずらはするけど、命を取ることはないみたいだよ。

カミムスビネコ

Q 89 ブタが変身《へんしん》すると美人になるってほんとう?

沖縄《おきなわ》の話です。

むかし、ある村にどこからか美しいむすめがやってきました。いつも皮裏《かわうら》のぞうり(1)をはいて、うつむきかげんに歩いて、男をチラリと見ます。村の男たちは、先をあらそってむすめに近づきました。

けれど、むすめに名前を聞いても、すんでいる場所を聞いても、わらって答えてくれません。腹《はら》をたてた男が、むすめがはいていたぞうりを、無理《むり》やり脱《ぬ》がせてしまいました。むすめは足を引きずりながら、どこかへ去っていきました。

つぎの朝、ぞうりを見ると**ブタ**の爪《つめ》に変《か》わっていました。

男たちが、ブタ小屋をまわってみると、ある家の数十年も生きている老《ろう》**ブタ**が、爪《つめ》をぬかれてたおれていたのです。

この妖怪は、**ウワーグワーマジムン**といいます。

沖縄《おきなわ》や奄美諸島《あまみしょとう》には、ブタの話がたくさんあります。むかしから、ブタは人びとのくらしに深くむすびついていたからでしょう。

奄美諸島《あまみしょとう》には、片耳《かたみみ》の**ブタ**が出ます。片耳《かたみみ》がなく、影《かげ》のない子**ブタ**で、両足の間をくぐろうとします。もしくぐられると、魂《たましい》をぬかれてふぬけになってしまいます。とっさに足を交差すれば、消えて

1 皮裏《かわうら》のぞうり

竹皮のぞうりの裏面《うらめん》に皮をはって、防水機能《ぼうすいきのう》をつけたもの。

しまいます。

このブタはミンキラウワといい、一人歩きや二人づれの女の人をねらうことが多いので、女の人が一人で夕方歩くのは、かたく禁《きん》じられていました。

ミンキラウワ

美女になって男の人に近づくよ。ブタも、キツネやタヌキに負けずに化《ば》けるんだね。

ウワーグワーマジムン

Q90 カマイタチって、イタチのばけもの？

カマイタチにおそわれたという記録《きろく》は、新潟県《にいがたけん》、岐阜県《ぎふけん》、長野県、山形県などに多くのこされています。しかし、動物のイタチとは関係《かんけい》ないようです。「つむじ風」のことだともいいますが、はっきりしません。新潟県《にいがたけん》や岐阜県《ぎふけん》では「魔獣《まじゅう》」だともいいます。

カマイタチにおそわれると、顔、手足などに、刀でスパッと切られたような傷ができます。傷の大きさも、縦《たて》か横《よこ》かということも一定しません。新潟県《にいがたけん》では、弥彦山《やひこやま》と国上山《くがみやま》の間にある黒坂《くろさか》でつまずくと切られるといいます。

岐阜県飛騨地方《ぎふけんひだちほう》では、**カマイタチ**はわるい神のしわざだといいます。この神は三人づれでやってきて、最初《さいしょ》の神が人を押《お》したおし、二人目が刃物《はもの》で切り、三人目が薬をつけるのだといいます。だから、**カマイタチ**に切られても血は出ず、痛みもないのです。

この神たちが、なぜこんなわるさをするかはわかりません。

「**カザカマ**（風鎌《かざかま》）」とよぶところもあります。やはり人の肌《はだ》をそぐのですが、はじめは痛《いた》みを感じません。しばらくして血が出てくると、耐《た》えがたいほどの痛《いた》みになるといいます。

江戸《えど》の町では、**カマイタチ**が水にす

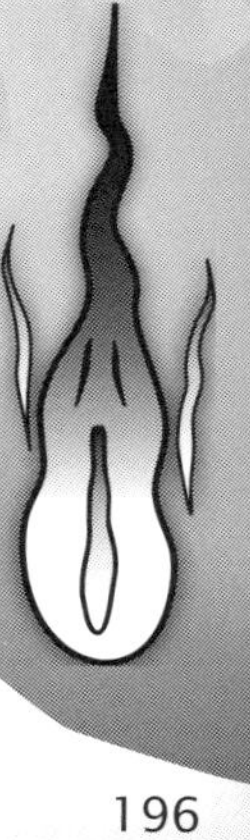

んでいるといわれました。雨上がりの水たまりで遊んでいた子どもがカマをかけられたとか、川を渡《わた》っていた若い男がカマをかけられ、その傷《きず》がもとで死んだとつたえられています。

カマイタチ

すがたも見せないで人を傷《きず》つけるものなので、動物なのかどうかもはっきりしないんだ。

カマイタチ

Q91 人間に化《ば》けた植物っているの？

夜ふけ、信州《しんしゅう》（長野県）の若《わか》いお坊《ぼう》さんが本を読んでいました。ふとそばを見ると、美女がいて「こちらにいらっしゃい」としきりにさそいます。お坊《ぼう》さんは、あやしいと思い、短刀を取りだして女に切りつけました。

つぎの朝、血をたどっていくと庭に植《う》えてあった**バショウ**の木が、切りたおされていたということです。

美濃《みの》（岐阜県《ぎふけん》）の**バショウ**の精《せい》は、男の寝床《ねどこ》にしのびこんできました。男が床《とこ》の外におしやると、体はとても軽かったといいます。

つぎの朝、**バショウ**の木を見ると、昨夜《さくや》、追いだされたことをなげいた詩が書いてあったとか。

木も百年たつと魂《たましい》がやどります。

下総《しもうさ》（千葉県）のある田舎道《いなかみち》を夜歩くと、大木がいくつも道に横たわって、とおせんぼをします。すぐにもどって、時間をおいてから通るとなにごともないのですが、むりに通ろうとするとケガをさせられたりします。

ジンメンジュという木は、深い山奥《おく》にあります。その花は人のようで、ものはいわず、ただわらうだけで、わらいながら落ちるといいます。

ヤナギも心をもちます。子どもをだい

た若《わか》い女の人が、風の強い日に**ヤナギ**の下を通ったところ、枝《えだ》が首《くび》にまきつき、命をおとしました。それ以来《いらい》、女性は夜な夜な出てきては、「うらめしいヤナギぞ」といって泣《な》くのです。

ほかに取りのこしたカキの実が**タンタンコロリン**になったり、ツバキの木が**キシンボウ**という妖怪《ようかい》になったりします。

植物も化《ば》けて、男の人をゆうわくしたりする。木にも魂《たましい》がやどるんだね。

バショウノセイ

タンタンコロリン

Q92 クビキレウマって、どんな妖怪《ようかい》？

東京都の八王子市にでる**クビキレウマ**には、お姫《ひめ》さまが乗っているといいます。戦《たたか》いにやぶれて、城《しろ》をぬけだしたお姫《ひめ》さまとウマが殺《ころ》され、ウマは天にのぼっていきました。

徳島県《とくしまけん》三好市《みよしし》では、節分《せつぶん》の夜に、首のないウマに乗って**ヤギョウサン**がやってくるといいます。**ヤギョウサン**は、ひげの生えた一つ目の**オニ**です。

むかしは、一、二月はネの日、三、四月ウシの日、五、六月ミの日、七、八月イヌの日、九、十月ヒツジの日、十一、十二月タツの「夜行《やぎょう》の日」は、**ヤギョウサン**がとびまわるので外に出てはいけないとされていました。また大晦日《おおみそか》、庚申《こうじん》の日もおなじです。

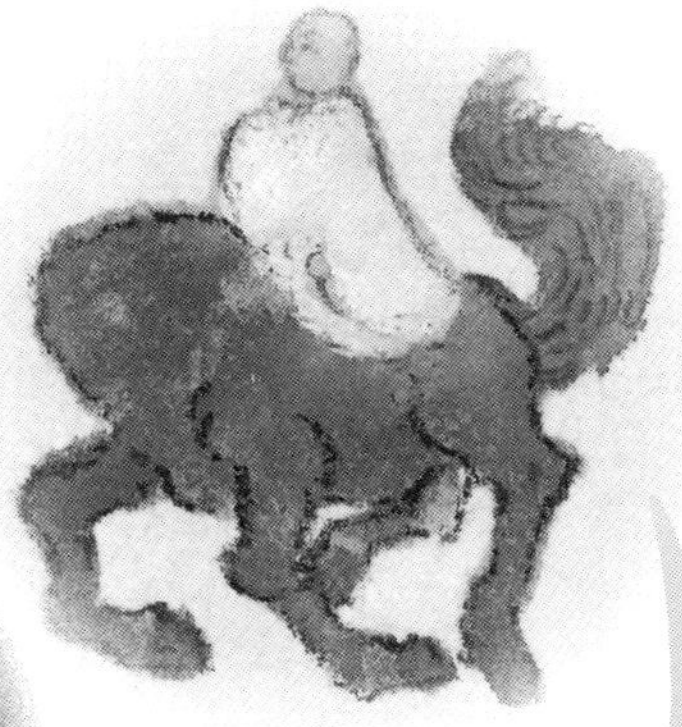

クビキレウマ

ヤギョウサン

　さて、**ヤギョウサン**と出会ってしまったら、うっかりしていると投げられたり、けりころされたりします。このときは、ぞうりを頭に乗せて地面にふせればいいのです。今ならクツでもききめがあるかな？

　クビキレウマ（36ページ）は体だけですが、福島県などでは、ウマの首だけが夜中にとびまわるといいます。死んだウマや殺《ころ》されたウマが、ユウレイとなったものだといわれます。

　また、**サガリ**といって、道ばたの木にウマの首が下がっていることがあり、見た人は熱病《ねつびょう》にかかってしまいます。**チンチンウマ**は、年のくれの寒い夜にでます。

ウマはむかしから人間とともに生きていたから、いろんな妖怪《ようかい》になったのだろうね。

サガリ

チンチンウマ

Q 93 ウシオニって、オニとウシの合体妖怪《ようかい》なの？

頭がウシで体がオニ、あるいは頭がオニで体がウシという妖怪《ようかい》です。

熊野《くまの》地方では、山の中で**ウシオニ**に出会うと、いつまでも見つめられて、ついに人はつかれはてて死ぬといいます。これを「影《かげ》にのまれる」といっておそれます。このときは、「石は流れる、木の葉はしずむ、ウシはいななきウマはほえる」と、反対の言葉をとなえるといいといわれます。

高知県土佐郡《とさぐん》には、牛鬼淵《うしおにぶち》があって、魚がたくさん集まっていました。しかしそこには**ウシオニ**がすんでいるので、人はだれも近よろうとはしませんでした。

ところが、ある長者が毒《どく》を流して魚をとろうとしたのです。そこで**ウシオニ**は美しい女の人に化《ば》けて、長者の夢《ゆめ》に出て、毒《どく》を流すことをやめるようにたのみました。でも長者はかまわずに毒《どく》を流し、とった魚でお酒をのんでいると、とつぜん雷《かみなり》が鳴りひびき、山がくずれ、長者の家は土砂《どしゃ》にうもれてしまいました。

島根県の**ウシオニ**は、**ヌレオンナ**とペアで海からやってきます。

まず**ヌレオンナ**が赤ちゃんをかかえて海からあらわれます。

「この子をちょっとだいてください」

そういって赤ちゃんをわたし、**ヌレ**

オンナは海に消えます。するとおそろしい顔形をした**ウシオニ**があらわれます。

「わあ、これはいかん！」

そうさけんで赤ちゃんをはなそうとしても、石のように重くなったうえ、体にすいつくようではなれません。そうしているうちに、**ウシオニ**につき殺《ころ》されてしまうのです。

ですから、海辺《うみべ》で見知らぬ女の人から赤ちゃんをだいてくれとたのまれたときは、手ぶくろをしてだくといいのです。

ウシオニはおもに西日本にあらわれる合体妖怪《ようかい》。浜辺《はまべ》や水辺《みずべ》を歩くときには注意しよう。

ウシオニ

Q94 動物が憑《つ》くってどういうこと？

動物の霊《れい》が人に憑《つ》いて、特別《とくべつ》な力をあたえるのが**ツキモノ**です。

愛知県《あいちけん》では「長篠城《ながしのじょう》の**オトラギツネ**」がとくに有名です。長篠城《ながしのじょう》は、現在の愛知《あいち》県新庄市《しんじょうし》にあったお城《しろ》です。いまから四百五十年ほどまえ、この城《しろ》をめぐって織田信長《おだのぶなが》・徳川家康《とくがわいえやす》の連合軍《れんごうぐん》と甲斐国《かいのくに》（山梨県《やまなしけん》）の武田勝頼軍《たけだかつよりぐん》が戦《たたか》いました。そして武田軍《たけだぐん》は敗《やぶ》れ、およそ一万人が戦死《せんし》したとつたえられています。

戦《たたか》いが終わると、**オトラギツネ**はおもに病気の人に憑《つ》いて、長篠《ながしの》の戦《たたか》いのようすや自分の身の上を、その人の口をとおして語りました。また**オトラギツネ**に憑《つ》かれた人は、歯もないのにかたいものをバリバリ食べたり、ねたきりの人が一晩《ひとばん》おどったり、キツネの動作をまねるようになりました。

オトラギツネは、もともと長篠城《ながしのじょう》にあった稲荷《いなり》神社のお使いだったのに、お社《やしろ》がこわされたから人に憑《つ》くようになったと

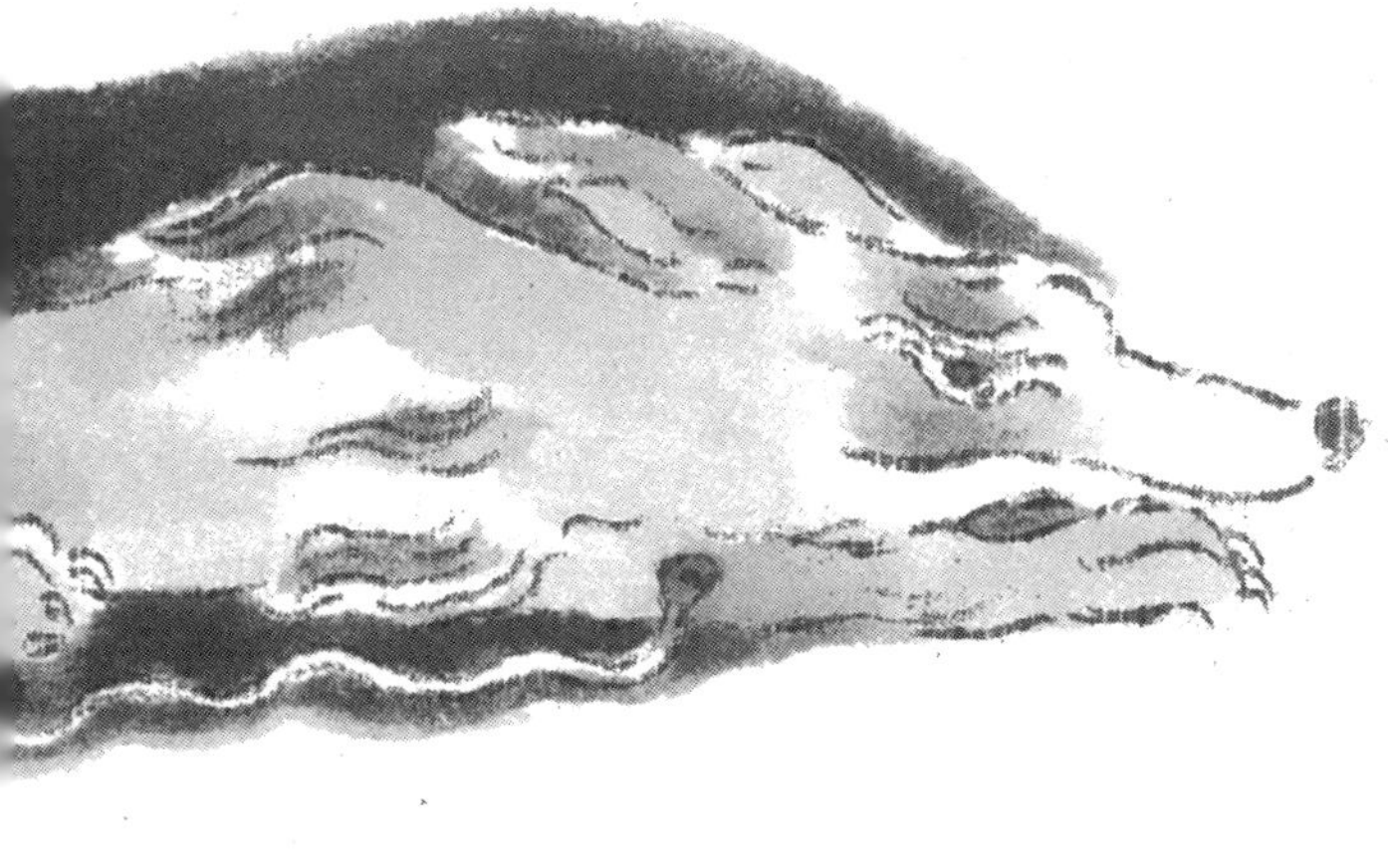

いうことです。

おもに中国・四国地方では、人に憑《つ》くヘビを**トウビョウ**といいます。**トウビョウ**はえんぴつほどの細さ、長さ二十センチあまりのヘビで、これをひそかに飼《か》っている家があったといわれます。飼《か》っている人が他人とあらそうと、**トウビョウ**には飼《か》い主《ぬし》の心がわかって、あっというまに相手の家におしかけるのです。ただし、**トウビョウ**のすがたは他人には見えません。**トウビョウ**がむこうの人にとり憑《つ》くと、その人は病気になってしまいます。このときは、とり憑《つ》かれた人が飼《か》い主《ぬし》の家に行き、おたがいが話してわかりあえば、すぐ**トウビョウ**ははなれます。

人にとり憑《つ》くイヌを**イヌガミ**といい、イタチのようにしっぽが長く、ネズミくらいの大きさです。**イヌガミ**に憑《つ》かれるとイヌのようにほえたり、とびはねたりするといわれています。

動物に近くなる状態《じょうたい》のことを、「動物が憑《つ》いた」というのかもしれないね。

妖怪日和《ようかいびより》

「行き先は、地獄《じごく》。いつでも乗せてくぜ！」
恐怖《きょうふ》の妖怪《ようかい》タクシー**カシャ**。

6章　もっと知りたい妖《よう》怪《かい》

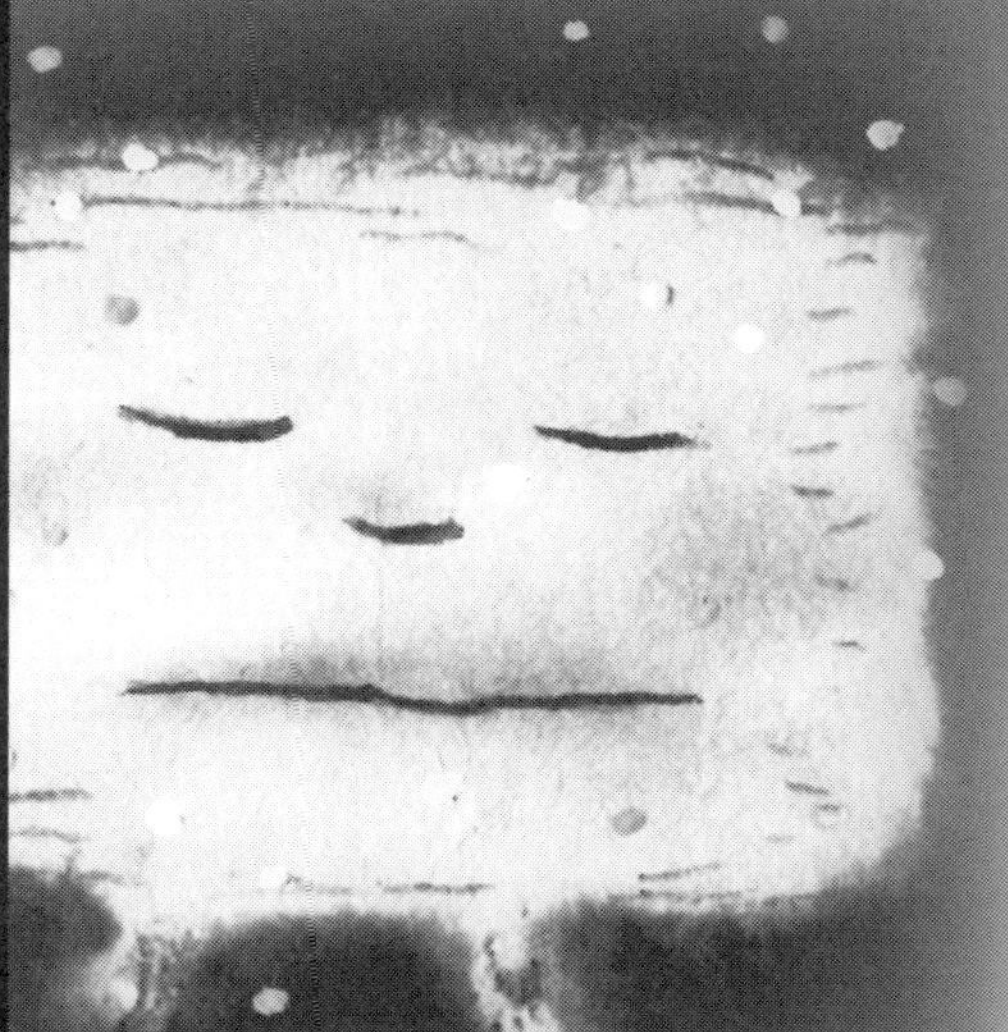

Q 95 妖怪《ようかい》の研究家っていたの？

妖怪《ようかい》という、見たこともないふしぎなものに興味《きょうみ》をもった人はたくさんいます。

本格的《ほんかくてき》に妖怪《ようかい》が研究されだしたのは、明治《めいじ》時代になってからです。まず妖怪博《ようかいはか》士《せ》・幽霊《ゆうれい》研究家として有名だったのが井上円了《えんりょう》です。井上は、それまでつたわってきた妖怪《ようかい》はほとんどはいない、でもほんとうの妖怪《ようかい》（真怪《しんかい》と名づけました）はいるといって、全国から資料《しりょう》などを集めました。この研究は『妖怪学講義《ようかいがくこうぎ》』にまとめられています。

妖怪《ようかい》を語りつづけてきた人びとの心をたいせつにしたいと考えたのは、柳田国《やなぎたくに》男《お》（18ページ）です。岩手県遠野市のいいつたえをまとめた『遠野物語』には、たくさんの妖怪《ようかい》が登場しますし、『妖怪《ようかい》談義《だんぎ》』には、**カッパ**や**テング**などの解《かい》説《せつ》と、かんたんな妖怪事典《ようかいじてん》がのっています。

柳田国男《やなぎたくにお》は、妖怪《ようかい》のもとは人びとが信《しん》じてきた神さまなのだ、と考えました。神さまは大きな力をもち、人びとの尊敬《そんけい》を集めるとともにおそれられてもきました。そのうち、だんだんに神さまを尊敬《そんけい》する気持ちが少なくなって、おそれる記《き》憶《おく》が残《のこ》ったのです。それが妖怪《ようかい》だというのです。ですから、妖怪《ようかい》を研究すること

は、わたしたちの心の歴史《れきし》や気持ちを理《り》解《かい》することだというのです。

しかし、妖怪《ようかい》の研究はあまり進みませんでした。最近になって小松和彦《こまつかずひこ》『妖怪《ようかい》学新考《がくしんこう》』などで、人の力や理解《りかい》を超《こ》えるもの（自然《しぜん》の力もその一つです）のうち、神として祀《まつ》られたものと、妖怪《ようかい》とされたものがあるとされました。これによって、妖怪《ようかい》研究はさまざまな方向に広まっていきました。

そのほか、芥川龍之介《あくたがわりゅうのすけ》や泉鏡花《いずみきょうか》など「お化《ば》けのすきな作家」もたくさんいます。

この本を書いている千葉幹夫《ちばみきお》も妖怪《ようかい》研究家の一人。妖怪《ようかい》の研究はおもしろいから、ぜひきみも！

井上円了《えんりょう》

柳田国男《やなぎたくにお》

Q 96 妖怪《ようかい》を描《えが》いた画家はどんな人?

妖怪《ようかい》のほとんどは目に見えないはずですが、たくさんの妖怪《ようかい》絵がのこっています。

室町《むろまち》時代に土佐光信《とさみつのぶ》が描《えが》いたとされる『百鬼夜行絵《ひゃっきやぎょうえ》巻《まき》』は、お寺などで使われているいろいろな道具に、目ができ足が生え、夜の町をねり歩きます（30～31ページ）。この絵巻《えまき》は、それから長く妖怪《ようかい》絵のモデルとなり、似《に》たような妖怪《ようかい》絵は明治《めいじ》時代になっても描《えが》かれてきました。

日本の妖怪《ようかい》の形をきめた人は、江戸《えど》時代の画家鳥山石燕《とりやませきえん》です。石燕《せきえん》は、さまざまな妖怪《ようかい》絵を研究し、人びとが語りつたえてきた妖怪《ようかい》も集め、「これがテングだ」「カッパはこんな形だ」と、四冊《さつ》の妖怪《ようかい》画集に合計二百七種類《しゅるい》もの妖怪《ようかい》を描《えが》きました。この画集は木版《もくはん》でスミ一色でしたが江戸《えど》の人びとによろこばれ、たいへんな売れゆきとなりました。

この絵は現代の妖怪《ようかい》画にまで影響《えいきょう》をあたえてきました。

マメダヌキ（『桃山人夜話』）

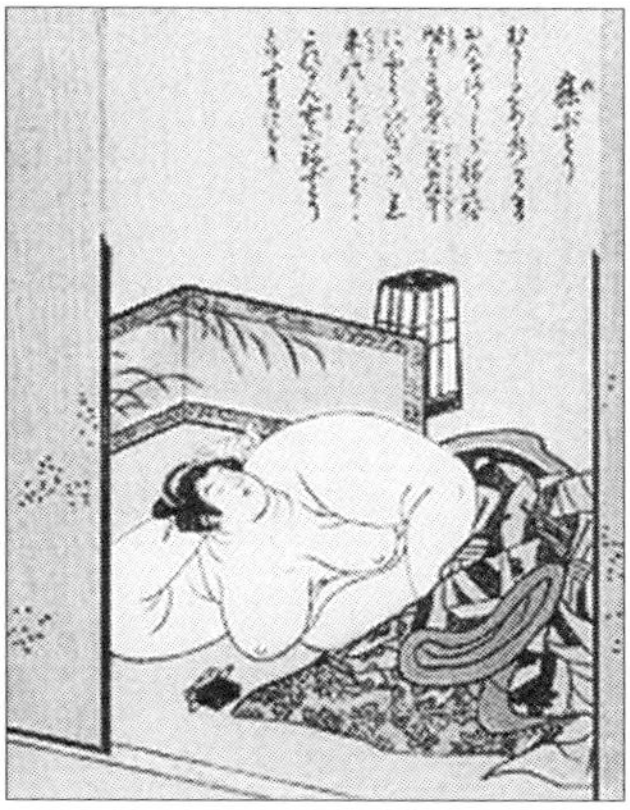
ネブトリ（『桃山人夜話』）

江戸《えど》時代のカラー版《ばん》は『絵本百物語』で、「桃山人夜話《とうざんじんやわ》」ともよばれています。文は桃山人《とうざんじん》で、絵は竹原春泉《たけはらしゅんせん》です。「白蔵主《はくぞうす》」「寝肥《ねぶとり》」「手洗鬼《てあらいおに》」「二口女《ふたくちおんな》」「柳婆《やなぎばば》」など、石燕《せきえん》がとりあげていない四十三種類《しゅるい》の妖怪《ようかい》を紹介《しょうかい》しています。

江戸《えど》時代の終わりになると、妖怪《ようかい》画家がたくさん誕生《たんじょう》します。とくに有名な画家は、歌川国芳《うたがわくによし》とその弟子《でし》の河鍋《かわなべ》暁斎《きょうさい》です。暁斎《きょうさい》は、土佐光信《とさみつのぶ》の絵を参考に、生き生きした妖怪《ようかい》を描《えが》きだしました。

現代の妖怪《ようかい》画家といえば、水木《みずき》しげるです。はじめは石《せき》燕《えん》の絵に影響《えいきょう》を受けた妖怪《ようかい》画ですが、マンガ『ゲゲゲの鬼《き》太郎《たろう》』でたくさんの妖怪《ようかい》を登場させて、妖怪《ようかい》ブームを巻《ま》き起こしました。

この本の絵を描《えが》いている石井勉さんも、三百以上の妖怪《ようかい》を描《えが》いてるよ。

ヌラリヒョン（鳥山石燕）

カッパ（鳥山石燕）

フタクチオンナ（『桃山人夜話』）

Q97 どこへいけば妖怪《ようかい》に会えるの？

鳥取県境港市《さかいみなとし》は水木しげるの出身地で、駅前から八百メートルほどが「水木ロード」とよばれ、百五十あまりの水木しげるの妖怪像《ようかいぞう》が建《た》っています。ロードには妖怪《ようかい》グッズの店がたくさんならび、ときには妖怪《ようかい》の着ぐるみも道を歩きます。

オニならば、京都府《きょうとふ》福知山市大江町《おおえちょう》の「日本の鬼《おに》の交流博物館《はくぶつかん》」です。日本だけでなく世界中の**オニ**関係《かんけい》の面や人形、絵が展示されています。大江山《おおえやま》は、源《みなもとの》頼光《よりみつ》たちが山伏《やまぶし》すがたに化《ば》けて**オニ**を退《たい》治《じ》した場所として有名です。それでこの博物館《はくぶつかん》には「大江山伝説《おおえやまでんせつ》の絵巻《えまき》」などがかざられています。また、屋根の鬼瓦《おにがわら》も時代ごとに、たくさん展示《てんじ》されています。

カッパは、全国にいますが、とくに北九州にたくさんの話がつたわっています。福岡県久留米市《ふくおかけんくるめし》の田主丸町《たぬしまるまち》は**カッパ**の話の多いところで、河童資料館《かっぱしりょうかん》には**カッパ**のミイラや**カッパ**グッズがたくさん展示《てんじ》されています。

岩手県遠野市には、神、妖怪《ようかい》、家々《いえいえ》の伝承《でんしょう》など、数多くの話が残《のこ》っています。それらを『遠野物語』として、明治《めいじ》四十三年に遠野出身の佐々木喜善《ささききぜん》と民俗学者《みんぞくがくしゃ》の柳田国男《やなぎたくにお》がまとめました。その中には、**カッパ**、**ヤマオトコ**や**ヤマオンナ**、

テング、**ザシキワラシ**など、たくさんの妖怪《ようかい》たちが登場します。

遠野市立博物館《はくぶつかん》には、**テング**が使ったという足駄《げた》、茶碗《ちゃわん》、弓矢などが残《のこ》っています。また、**ザシキワラシ**のでる家もありますし、道を迷《まよ》わせる**セキショオギツネ**もいます。

妖怪《ようかい》の描《えが》かれた倉庫《そうこ》（境港市《さかいみなとし》）

カッパ淵《ぶち》（遠野市《とおのし》）

鬼《おに》の交流博物館《こうりゅうはくぶつかん》（福知山市《ふくちやまし》）

まず、きみのすんでいる町や県でさがしてみて。いろんないいつたえが残《のこ》っているはずだよ。

Q98 妖怪屋敷《ようかいやしき》ってほんとうにあったの？

徳島県《とくしまけん》三好市《みよしし》山城町《やましろちょう》は、妖怪《ようかい》に関係《かんけい》する神社や遺跡《いせき》が多く**コナキジジイ**の故《こ》郷《きょう》として知られています。

この町に「妖怪屋敷《ようかいやしき》」が作られました。七十体ほどの妖怪《ようかい》が展示《てんじ》されていますが、**ヤマミサキ**、**ダイジャノヌシ**、**ゴギャナキ**、**バケタヌキ**、**ヒトツメ**など、どれもこの町にいまも語りつがれている妖怪《ようかい》たちです。

いまから二百六十年ほどまえ、備後《びんご》（広島県）三次市《みよしし》に三十日間妖怪《ようかい》が出つづけたという武家屋敷《ぶけやしき》がありました。その家にすむのは、十六歳《さい》の稲生平太郎《いのうへいたろう》です。

七月一日の夜、外が火事のように明るくなったと思うと、一つ目の巨人《きょじん》が平太《へいた》郎《ろう》につかみかかってきました。平太郎《へいたろう》は必死《ひっし》にこらえ、着物と帯《おび》を引きちぎられましたが、なんとかこらえました。

これから毎晩《まいばん》、怪《あや》しいことが起きたのです。行灯《あんどん》の火が天井《てんじょう》まで上がったり、家が水びたしになったりします。でもそれがなくなると、家は火事にも水害《すいがい》にもなりません。

このようにして**女の生首**、**ヒョウタンの化《ば》け物《もの》**、戸口いっぱいの**老婆《ろうば》の大首**などが、つぎつぎと屋敷《やしき》をおそってきました。

近所では「稲生《いのう》の家は妖怪屋敷《ようかいやしき》だ」と

うわさして、だれも近よらなくなっていきました。**ウス、つけものの桶《おけ》、水がめ、すりこぎ**まで、つぎつぎとおそってきました。めずらしく知り合いがたずねてきたと思ったら、なんと頭がわれて赤ん坊《ぼう》がとびだしてきたのです。

こうして三十日間、妖怪《ようかい》が毎日おそってきました。七月最後《さいご》の日、やはり**ミミズの大群《たいぐん》**が平太郎《へいたろう》の体をはいまわったあと、りっぱな侍《さむらい》がすがたをあらわしました。

この侍《さむらい》は**サンモトゴロウザエモン**（山本五郎左衛門《さんもとごろうざえもん》）という妖怪《ようかい》の親玉で、平太郎《へいたろう》をおそれさせようとしたのです。しかし平太郎《へいたろう》は少しもおそれませんでしたから、その勇気《ゆうき》をたたえて天に消えていきました。

「稲生物怪録絵巻《いのうもののけろくえまき》」や「へいたろう」の話は本で読むことができる。図書館でさがしてみよう。

妖怪屋敷《ようかいやしき》の入り口（三次市《みよしし》）

妖怪屋敷《ようかいやしき》の中

ヘイタロウ妖怪列伝《ようかいれつでん》
（千葉幹夫／文）

Q99 学校に妖怪《ようかい》はいるの？

学校の教室は、夜になるとまっ暗で、もちろん人の気配はありません。すると、さまざまなものが動きだすのだといわれます。

いまはあまり見られませんが、たきぎを背《せ》おい、本を読みながら歩く**二宮金《にのみやきん》治郎《じろう》**の銅像《どうぞう》が校庭にある学校が多かったのです。この**金治郎《きんじろう》**が夜中に校庭を走るというのです。ときにはたきぎを二、三本落としたなどといいました。

理科室では**ガイコツの標本《ひょうほん》**が動きだし、音楽室からはだれも弾《ひ》いていないのにピアノがなっています。すると壁《かべ》にはってある**ベートーベンやショパンの肖像画《しょうぞうが》**の目が、ぎらりと光るのです。

学校のトイレもおばけがいるといいます。日本中で有名になったのが**トイレの花子さん**です。だれもいないはずの女子トイレの三つめのドアを三回たたいて、「花子さぁ～ん」と声をかけると、「はぁ～い」と返事がします。花子さんはいろいろ質問《しつもん》してきますが、答えられないと命があぶないといいます。

カシマレイコは、深夜の小学校に現《あらわ》れます。両足がありません。さいしょに「わたしの足はどこにありますか」と聞いてきます。「名神《めいしん》高速道路にあります」と答えるとまんぞくして消えます。で

も、答えられないと足を取られてしまいます。

ムラサキババアは、全身ムラサキ色の着物を着て現《あらわ》れます。なぜか人間の肝臓《かんぞう》がほしいのだそうです。そして聞いてきます。「どんな色がすきかね？」と。

このとき「ムラサキ」と答えればいいのです。ムラサキ色のものを身につけていてもおそわれないそうです。

トイレに入ると、上から「赤い紙がいい？　青い紙がいい？」という声が聞こえてきます。「赤い紙」というと赤い紙が落ちてきますが、それを使うと体がまっ赤になり、「青い紙」と答えると、青い紙が落ちてきて、使うと体がまっ青になるそうです。

いるよ。きみの学校にはどんな妖怪《ようかい》がいるか、校長先生に聞いてみよう。

二宮金治郎《にのみやきんじろう》の像《ぞう》

Q100 新しく生まれた妖怪《ようかい》っている？

妖怪《ようかい》は暗闇《くらやみ》にすむといいます。では、闇《やみ》がなくなった大都会には妖怪《ようかい》は出ないのでしょうか。いえいえ、そんなことはありません。社会や人の心の闇《やみ》は消えていないからです。

現代《げんだい》の社会に生まれた妖怪《ようかい》たちを紹介《しょうかい》しましょう。

クチサケオンナ（38ページ）は、髪《かみ》の毛が長く、マスクをした女の人で、「私《わたし》、きれい？」と聞いてきます。「きれい」と答えると、マスクをはずします。その口は耳まで裂《さ》けているのです。

ジンメンケンは、高速道路を時速百四十キロくらいの猛《もう》スピードで走ります。車を追《お》い越《こ》し、くるっとふりむくと、そのイヌは人の顔をしていて、ニヤリとわらいました。

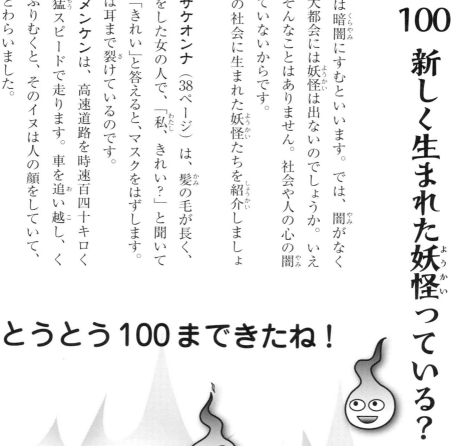

また、ゴミ箱をあさっているイヌがいたので、シッシッと追《お》い払《はら》おうとしたら、「なんだよ」といって、ふりむいた顔は人でした。

同じく高速道路で、白い着物に白髪《はくはつ》をふりみだし、四つんばいで時速百キロで追いかけてくるのが**ターボババ**です。

テケテケは、交通事故《じこ》で下半身をなくしたので、両手をつかってすごいスピードで追いかけてきます。そのとき「テケテケ」という音がするといいます。

シロイイトは、耳にピアスの穴《あな》をあけたとき、出てくる白い糸で、引っぱるといくらでも伸《の》びるのですが、その人はとつぜん目が見えなくなりました。

ほかにもまだまだたくさんあります。これらは都市伝説ともよばれます。人間は、おそれながらもどこかで楽しみ、妖怪《ようかい》を生みだしていくものなのでしょう。

これで、きみも妖怪《ようかい》マスターだ！

マ

ヤ

ラ

ワ

ナ

ハ

サ

タ

索《さく》 引《いん》（妖怪《ようかい》の名前）

千葉幹夫（ちば みきお）
1944年宮城県生まれ。早稲田大学卒業。児童図書専門出版社に勤務の後独立。児童図書の執筆、評論の筆をとる。『舌ながばあさん』で第33回講談社出版文化賞受賞。おもな妖怪関係の著書に『妖怪の日本地図』(全6巻、大月書店)、『ヘイタロウ妖怪列伝』（全3冊、リブリオ出版）、『全国妖怪事典』（講談社学術文庫）、『にっぽん妖怪地図』（角川書店）など。妖怪名・**ヌラリヒョン**

＊妖怪チーム＊
石井　勉（いしい つとむ）
絵担当。300以上の妖怪を描く。妖怪名・**カワテング**
粕谷亮美（かすや りょうみ）
編集担当。妖怪データを作成。妖怪名・**ザシキワラシ**
堀切リエ（ほりきり りえ）
編集担当。妖怪本を増やす日々。妖怪名・**ウミゴゼン**
松田シヅコ（まつだ しづこ）
デザイン担当。火の玉8キャラを生み出す。妖怪名・**オサカベヒメ**

めざせ！妖怪マスター　おもしろ妖怪学100夜

2016年4月15日　第1刷印刷
2016年4月15日　第1刷発行

著　者　千葉幹夫
発行者　奥川 隆
発行所　**子どもの未来社**
〒113-0033 東京都文京区本郷 3-26-1-4 F
TEL 03-3830-0027　FAX 03-3830-0028
E-mail：co-mirai@f8.dion.ne.jp
http://www.ab.auone-net.jp/~co-mirai/
振替　00150-1-553485
印刷・製本　中央精版印刷株式会社

ISBN978-4-86412-107-1　C8039　NDC380